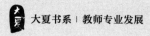
大夏书系 | 教师专业发展

自我赋能
教师的成长关键与修炼

梁增红———— 著

华东师范大学出版社
·上海·

图书在版编目（CIP）数据

自我赋能：教师的成长关键与修炼／梁增红著.
—上海：华东师范大学出版社，2023
ISBN 978-7-5760-3928-3

I.①自… II.①梁… III.①教师—修养 IV.① G451.6

中国国家版本馆 CIP 数据核字（2023）第 102800 号

大夏书系 | 教师专业发展

自我赋能：教师的成长关键与修炼

著　　者	梁增红
策划编辑	卢风保
责任编辑	张思扬
责任校对	杨　坤
封面设计	淡晓库
出版发行	华东师范大学出版社
社　　址	上海市中山北路 3663 号　邮编 200062
网　　址	www.ecnupress.com.cn
电　　话	021-60821666　行政传真 021-62572105
客服电话	021-62865537
邮购电话	021-62869887
地　　址	上海市中山北路 3663 号华东师范大学校内先锋路口
网　　店	http://hdsdcbs.tmall.com/
印 刷 者	三河市龙林印务有限公司
开　　本	700×1000　16 开
印　　张	15.5
字　　数	229 千字
版　　次	2023 年 7 月第一版
印　　次	2025 年 5 月第五次
印　　数	11 101-13 100
书　　号	ISBN 978-7-5760-3928-3
定　　价	62.00 元

出版人　　王　焰

（如发现本版图书有印订质量问题，请寄回本社市场部调换或电话021-62865537联系）

目 录
contents

序　淬炼"辨正"的成长之力 / 001

第一辑

在教育思辨中生长

教育：一种享受的过程 / 003

教学亦教育 / 006

教育何必太刻意 / 008

教育首先是培养人，然后再谈培养"人才" / 010

教育，需要逐渐卸除外力作用 / 013

可怕的"特色" / 016

不把学生培养成和自己一样的人 / 019

"我不需要他们爱我，我只需要他们信任我" / 022

当孩子意识到在接受教育的时候，教育就失败了 / 025

"教学"莫用"教考"代 / 028

让墙壁说什么话 / 031

长大后，你应成为"你自己" / 034

"己所欲"，也勿轻易"施于人" / 038

多培养"讲理"的孩子，少培养"听话"的孩子 / 041

鼓励先进与允许落后 / 046

有用与无用 / 050

好心与恶果 / 054

眼前的快乐，也是快乐 / 058

有没有一间教室让孩子留恋？ / 062

第二辑

在教育细节中修行

把课上好，就是最好的师德 / 067

"为落后学生准备低水平的问题！这就是教学" / 071

"我的作文也有闪光点" / 074

把参考当参考 / 078

不要把"假公开课"与"真公开课"混为一谈 / 081

不要关广播 / 085

教育不仅是解题 / 087

传统文化进课堂，需要"扬弃" / 089

我不拍照发给家长，学生就不做作业吗？ / 092

温柔的强势 / 096

种上庄稼，心灵不荒芜 / 099

谁"配合"谁 / 104

做一个不拖课的老师 / 107

纸巾的故事 / 110

教师不能"抽空去上一节课" / 112

第三辑

在教育阅读中明亮

读书方知识字少 / 117

读整本书，先从教师开始 / 121

别让心灵鸡汤败坏了读书的胃口 / 124

对名著中的"少儿不宜"不必杞人忧天 / 127

我为什么不要学生读"优秀作文选"？ / 130

对我影响最大的一本书：《给教师的一百条建议》/ 135

很多书，我看不懂 / 138

教师为何要读经典？ / 142

为了一个词，重读几本书 / 146

为什么读了很多书，还是不会写作文 / 150

有些书，不必读 / 154

那一段无心读书的滋味 / 159

第四辑

在提升格局中突围

对自己的面孔负责 / 165

且慢腹诽专家 / 169

何谓大师？ / 172

师德与师能，一个不能少 / 176

谁是你最喜欢的学生？ / 179

我的老师江锡铨先生 / 182

我的王老师 / 186

也谈"老师没有学生精彩" / 189

语文老师要有"语言洁癖" / 192

育人与育己 / 196

站在学生的角度，很多事情不是我们想象的那样 / 200

不要做"教奴" / 203

"最感谢那些曾经看轻我的人" / 206

最好的培训是自我修炼 / 209

"幸福都是奋斗出来的" / 213

教育写作：表达与存在的方式 / 217

身在荒野，心在桃花源 / 227

后记　自我赋能，追寻教育的意义 / 233

序 淬炼"辨正"的成长之力

初闻梁增红老师是在我工作的杂志《师道》"走近名师"栏目的来稿中。虽然我一再对作者强调这一类文章不要有太多溢美之词,但还是看得出他的同仁对他进行的有所克制的描述里掩饰不住的敬佩。作为编辑,我自认为有一双冷眼"辨英才",知道时下有太多的"有负盛名",于是常对人们动辄使用的大词、好词进行一定的打折处理,尽管如此,还是对文章的主角留下了勤奋、庄肃的印象。而至阅此书稿,在好几个天未亮的清晨,见屏幕中一行行文字无不闪现着踽踽独行亦不悔的生命光亮,心里更肯定那份不因喧嚣而扰的独立已是他鲜明的印记。

他为自己创造的宁静,并不是刻意屏蔽杂音的结果,相反,他敢立身于教育纷繁的观点和驳杂的声响中,进行积极而冷静的分辨。他不愿画地而趋,只做文字闲情的唱叹,虽然语文教师的文学本色使之亦能从读写中获得抚慰和升华,但他分明知道教书育人不是两耳不闻窗外事就可以胜任。有太多新鲜的观点和新鲜的事物涌入课室,而一间课室也要以拥抱新知的姿态开往时代的海洋,哪些才是有价值的对于世界的新理解,哪些只是改头换面的腐朽观点,哪些是冠冕堂皇的新的语言毒糖,哪些是对学生一直充满意义的朴素道理,这些都是一个有抱负的教师要努力加以思忖的。他怎么能坐视学生们被带歪而损坏了自然的赋予、教师们被屏蔽而失却视野的清明?正因为这样的分辨不是置身事外的评判,而是长年甘愿沉浸于教育生活的一种良心反馈,以及希冀摒弃纷扰求取教育真知的坚定选择,他的思考于情于理都饱含着充沛的体验。

这些分辨不是一次性进行的，在不少文章中，你可以看到对某一种观点分辨的持续，这份耐心在见解、行动和道德的共同参会中变得引人注目。当下人们或意见相左而针锋相对，或各说各话而拒绝往来，如何得体地讨论显得稀缺。网络生活更是充斥着不理性的叫嚣和可怕的人身攻击，对教育的讨论也不例外。写作和发言的人们往往会通过隐蔽自己的教育观点或弱化自己表述的鲜明来确保能够全身而退，害怕稍有不慎便落入口水混战和行动受阻的境地。但教育亟需谋求社会、家校、师生的共识，方使之不东奔西撞而偏离方向、左支右绌而丧失从容，致使一代甚至几代人的有效教导被耽误在无谓的拉扯和内耗中。可贵的共识的达成不是粉饰太平，不是人云亦云，而是每一个人培育为自己的观点负责到底的精神，并使之出列以接受坦诚和充分的交锋，在交锋中学习和校正，并在切实的行动中慢慢建立共同解决问题的信心。说到底，共识的形成是需要更多个人的启蒙在先的，人们须在言、行、思中自我辨明，以获得更扎实的"叙事资本"——梁老师所言之"自我赋能"毋宁说是一种积极的自我启蒙。无论是风格的造就还是自我的确立，无论是点滴的修行还是勇敢的突围，一个人的自我修炼总是关乎内涵的充实。对于教育工作者来说，这种个人成长的反思，要更敏感于其融入社会历史情境化的意义，哪怕是一个细节的复原、在具备文化属性的场景中的演化，都可以视为对自我的观点再判断、再发展的重要过程。具体化、历史化的提醒将使一个人的思辨有机会进入社会知识的领域，通往共识的建设。

使个人的观点经过更加丰富的激荡，不断产生新的解读和调整，以令思想符合更多人的教育福利是有必要的。这不仅意味着个性在自我思考中的挺立，也意味着更加广泛的讨论和参与，更多思想资源的融汇，对个性再度锻打的可能，一种个性朝向共识、共惠、共美的运动。梁老师的实践无疑有这样的自觉，他敢于宣称自己在教育中的立场，也乐于谋求振幅宽广的理解。这样的勇气和不沉溺于勇气的自我雕琢多么难得！我常在想，如果有更多的教师走出只在一些日常事务上的停泊，累积不被轻易透支的思想存货，不独自消解沉默的压力，将会在探研、反观和互启上创造多么浩瀚的教育财富！

当然在现实中，我们看到还有许许多多的老师并没有形成成长的自觉，没有努力超越自己的劲头，更没有论说和交流的持续的热情。虽然这不免有些遗憾，但要看到他们身上所拥有的朴实的教育善意也是值得敬佩的，这些正是教育共识得以形成的广泛性的基础。当看到梁老师说"不是几个呼风唤雨的风云人物，而是无数个普普通通的教师来铸就这个伟大基业的。这些默默无闻者，也许没有论文发表，没有课题研究，没有学术讲坛，甚至连一次校外的公开课都没有机会出头露面，但这些老师默默地做着自己应该做的工作，每天上课、批改作业、找学生谈话，为落后学生补习，输送着合格乃至优秀的毕业生，这些都是实实在在的工作"，马上联想到我在一篇怀念母校的文章中，所抒写的"对学业和未来的信心确实是在枫小建立起来的，我不愿辜负老师们鼓励的眼光。后来有机会采访或接触了大量出色的教师，为他们深深折服，但一点不妨碍我怀念教过我功课的老师们。没有名师头衔的他们也一样夜以继日用心看护自己的学生，教育大地之上多是这样普通的老师吧。成为优秀固然值得推崇，不负师心何尝不值得宣扬？"因感觉和梁老师在此观点的辉映，而产生共鸣的欣悦。

但随着对书稿阅读的深入，在心里产生对教师文化建设更迫切的期待时，还是会为那份对个人来说虽显得质朴却又不免单薄的"一般坚持"产生担忧。特别是人文信仰持续坍塌，消费主义甚嚣尘上加剧人的迷惘，技术的盲目继续煽动欲望的火苗，人外在于人的心灵而活着的境况几成沉疴，如果没有具备更高级别的修养，松弛的坚守应该很难承受浮躁的冲击，甚至会坠入虚无的黑洞，遣散仅存的光热。教育也有混乱的焦灼，当它被形形色色的宣传挟持、被山头林立分割注意——梁老师在书中也多有痛心的描述，那些不甚牢固的善行是否能抵挡诱惑，那些普通的判断是否会拆穿伪装？对此细思后，我并不十分乐观。看梁老师披文入情，沿波讨源，终究寻获理念充分的正当性，不由更加坚定，价值判断中保持一颗开放和坚毅心灵的有益。是的，没有充分的感受，仅是勤勉，将使灵魂的工程变成事务的"配制"；失却审慎的裁夺，仅是从众，将使创造的事业不知不觉沦为麻木的应付。听梁老师如何自我警惕——"扪心自问：我是在愚蠢而又勤奋地工作吗？"这是对吴非老师的"一所学校，最怕有一群愚蠢的老师在兢兢业业！"认真而谦逊的回应。从中我们会更加被吸引到这样一个角度上来：出自爱的教育依然需要冷静地保持对存在之境的勘定。

梁老师感受着教育环境中无处不在的压力，通过一边详求新的经验一边简洁地回返旧的经验一并建构心理的支撑，以消减对抗带来的焦灸。读着这些刻苦和用心，同时体味着在这一代教育人的视野间越滚越大的困惑，以及他们所厌恶的歇斯底里的口号中人性的嘶哑，慢慢感觉到他们这种教育学里难以消解的命运的艰涩，尽管作为其中一员的梁老师文字通畅，气息饱满。或许是因为大量的问题还在发酵，还在晚到的路上，还会出现在崭新的稿纸上，无形的压制、层出的困境似乎要超过每一天勤奋写作所能承载，好像除了笔耕不辍不会有更好的方法。本可以从身边的儿童"索要"一些净化的力量，但如果孩子们都坐在清晨单车的后架上赶作业呢？如果眼尖的梁老师们看到了后座的雨衣里娃娃还在挥笔的小小身影，他们对教育问题决断的底气虽可能得到增强，但心情的状态还是会有挫顿的吧。

伽达默尔说，问题的实质是敞开可能性并保持这种可能性的敞开。梁老师的可能性就在自信和忧虑相互交接中展开——他更加自信、更加关怀，同时会更加被忧虑吸引，因为我们的教育无疑会因为常识的丧失而不停被更有覆盖力的错误形式占据，而真正的良心又从来不会打瞌睡。不停歇的良知的发问促使局外人心态的消失，过于诚恳的辨识牵引着抗争者（梁老师所言之"一个卑微者的宿命和抗争"）全身的加入，于是当他再度发声，自我行为的论述将会带上身体的重量。在梁老师的教育群文中，教育归正的心愿何等真挚和迫切——充满力量的站立，必然迥别于乡愿的流窜。

教育中的官僚主义和过量规诫严重束缚了教育的活力，扼杀了儿童的性灵，使师生不能全身心得到知识这一伟大事物魅力的照耀。对西方学校和学科的建制一味效仿的执着，并没有真正为我们带来他们理性锻冶的精神，却失却我们自己情操蕴藉的信心。对个性缺乏尊重、对人文缺乏理解，使得我们忘记教育是帮助每一个孩子发现自我，支持每一个孩子发展潜能。我们一心把他们灌得满满的，舍不得随着铃声的到来结束讲课，舍不得他们在校园举头低头看不到叮嘱和鼓励的海报横批，舍不得不配备家庭作业而让我们热切的目光隔绝在家门口，舍不得难得的春游秋游不好好练笔诵读……在日复一日的追捕中，我们累了，孩子也累了，更可怕的是付出了这么多，他们回忆之中关于学校和教室的情节乏善可陈，疼痛的阴影却挥之不去。正是教育的意图太明显、手段太机械，才使本应包容参差的地方变得只能容忍齐一，本应充满生动节奏的地方变得单调乏味。教育仅知有"有之思"，不知有"无之思"。发呆、退思、悠闲都被越来越严密的考核大网无情滤去，甚或热烈的交流、安静的独处都被视为与教育时效有悖的多此一举。

面对着孩子们初入学稚嫩的面孔，热心的老师们欣喜又顾虑重重。作为教师，在与学生们相聚的这几年里，是否会不小心混淆负责和交逼、赠与和夺取，将成为保持教学清醒的一种自我交涉，以确保控制的空气不悄悄地逼近。因为这一切不是教案的虚构，而是生命的交往。在教学中，是要充分张扬教师的个性，还是要适当克制自己以令耐人寻味的人的丰富性在课堂上更充分地流淌？是要他们都爱我难分难离泪花朵朵，还是独立而庄敬有情似无情？是要病梅的屈辱定格在眼前，还是要自由自在的鲜花年轻态地盛放？相信读完这本书，你会产生更多渴望索解的问题，而顿感思想的角力。

当然，也有平静愉悦的时刻。温故知新的老师，怎样获得自足的乐趣：一个词汇的积累就换取一个有滋有味的瞬间，更不用提那些在阅读中遇见同道者时心头的低呼。教学之中，这些先行的导师就是使他不再困顿的灯盏，而光正是通过心的传递亮了万顷教育的福田。掩卷再思教师文化，发现不仅仅是通常所言的教学成果，更是隐含在教与学中无所不在的赤忱的意愿，它们通往转眼送毕业长挽时光纵逝的心情，通往对"老师要红笔，我必将多色笔摇到红色方呈之"的感念不已，通往享用终身不必追悔的无愧……最后，教师的自我新鲜温习着召唤的言辞与年轻人对语。

是啊，有从内部深刻着力的铮铮，也有逸漏在紧张之外的宁馨，这样才梭织出值得回味的岁月。有对自己生活的惜和敬，也有不断进入儿童生活的慕和思，教育的识见才镌刻人世的风姿。我原本多从语言中研究作者观点和材料组建的形式，如今更热衷推想写作如何酝酿行动。"从小学到中学，从数学到语文，从管理岗位到普通教师，从苏北到苏南，从农村到城市，从一般学校到名校，从民办到公办"，阅尽千帆的梁老师提出的关于教师的修炼，在诸多文字托底之后，传达为一份打碎不切实际的幻想的吁请，并鼓舞着开展由自变力所蕴积的行动。而我作为一个对话人，在阅读中访贤，知道谦卑且审慎于教育者身份的他，将使这种行动继续标记为"辨正"的热望和职责，而这正是符合其心灵气质的。修炼，必是心灵的漫礼。

此为序。

李　淳

《师道（人文）》主编

2022年8月13日于广州

第一辑

在教育思辨中生长

美国心理学家波斯纳曾提出教师的成长公式是"经验＋反思＝成长"；我国著名心理学家林崇德也提出"优秀教师＝教学过程＋反思"的成长公式。教师应常常"三省吾身"，认真地叩问自己的内心：当学生违纪时，我是否采取了适当的教育方法？当学生上课打瞌睡时，是否由于我的课上得不好？当学生未完成作业时，是否由于上课未听懂根本就不会做？……要做到这一点，需要的是何等的涵养、雅量、气度、胸怀，以及对教育事业何等的热爱！然而，极少有老师站出来勇敢地承认"我"做错了什么。是我们不愿意面对自己的那份责任，还是压根我们就不知道自己应有那份责任？如果是前者，说明我们对职业准则的放弃；如果是后者，那就不再仅仅是一个教育教学问题。要成为一名合格乃至优秀的教师，这种敢于认识自己、反躬自省的勇气恐怕是必不可少的。

当你有勇气直面自己时，你才会发现，其实自己还做得很不够。苏格拉底说：不经过反思的人生道路是不值得过的人生。唯有能深入思考的人，才能够对自身的人生道路有一个清晰、清醒、准确的把握，才会变成自身人生道路的主人。

教育：一种享受的过程

我们到公园里去上语文课，跟着课本去游绍兴。学生问我：老师，要不要写作文？我大声地说：不要！我反对一切活动都有"教育意义"，承载太多的负担，往往会变味、变色。有时出发得太远太久，会忘了为何出发。

我喜欢听学生诵读吟咏，我说：你们的读书声美若天籁，不含杂质，像天空一样湛蓝、澄明、纯净，是天下最美的声音，无论是整齐划一的，还是杂乱无章的，我都喜欢，我不想让读书变成对"五分钟后默写"的应付。我喜欢看学生静静地拿着一本自己喜欢的书，旁若无人地读着，或坐，或依，或躺，或站，或一二，或五六，清晨的小花园，夕阳下的操场边，教室一角，餐桌上，放学的路边，浅吟低唱，凝思仰望，高声争执"我不喜欢鲁迅的冷峻"，"我喜欢钱钟书的幽默"。那一个个堂堂正正的"文字方阵"，闪烁着温润心扉的离合神光，辐射着洞悉宇宙的玄思睿智，裹挟着穿越时光的状情伟力……正绵绵不断地向我们送来中华文明的生命元气……我不喜欢布置"摘录好词好句"之类的没有技术含量和思维价值的作业。除了教会学生阅读，"怀着爱与敬重的阅读"，别无他途。正如莎剧《罗密欧与朱丽叶》中朱丽叶心灵的呼喊："那么窗啊！让白昼进来，让生命出去。"而我的心在呼喊："那么课堂啊！让阅读进来，让喧嚣出去。"

我喜欢读学生的随笔，信笔由缰，口无遮拦，肆无忌惮，真诚面对。读着读着，我仿佛回到自己的童年和少年，与他们共欢笑，与他们共悲戚。我会写上一句："你的善良感动了我。""你的爸爸妈妈真了不起。"常常忘记了纠正文中的错别字，或用鲜红的笔，画出刺眼的线条，来正告孩子"这是个病句"。我不想让学生觉得，写作就是为了让老师呕心沥血地批改，用手术刀一样的笔，把文章改得面目全非，总想着治病救人，那不是学生的心声，而是老师把自己的意志强加给他们。

我喜欢上课，学生积极探寻文本褶皱处暗藏的"波澜"，从而实现一次次抵达。喜欢看课堂上学生沉潜文本，咀嚼玩味，从懵懵懂懂到若有所思，到拍案叫绝，于是爽朗一笑，绝尘而去。我想通过我和学生们的声音传递一种信仰：语文，让我们世俗而又深情地生活在我们所热爱的人间。……语文课是师生彼此伴随的绽放旅程，是师生用文化呼吸的形式达成的精神返乡，是沉静宁悦的灵魂皈依。浸润于经典的时光，从容美好、倏忽远行；回眸课堂，仍有腾挪跌宕之"后感"生于胸臆。我盼望学生上课时，晶亮的眸子在稍稍的迷惘之后绽放出嫣然的欣喜。而不是说："同学们记住，这个题型经常考，你们要多加注意。"我希望毕业的时候学生给我的留言是："老师，多想再上一节你的语文课，那是我们生命中的童话啊！"

我快乐于自己爱读书，爱写作，常为名家一句经典的论述而喟叹，"真是说到了我的心里去了"，常为名师一个精彩的设计而大呼"痛快"，摩拳擦掌，跃跃欲试，恨不得立即也到自己的课堂上一试身手。我喜欢写文字，理性的论文，感性的随笔，想写就写，不想写就不写，不为发表，只为一吐为快，为自己的观点有一个合适的宣泄渠道而欢愉，体验的是"表达是一种快乐"。我写博客，发微信公众号，没有人要求我这样做，没有人给我定指标，我自己也不给自己任务。有人赞我曰：坚持。我一笑了之，并不认可。我说，我从没有坚持，我只是喜欢。所谓坚持，往往有不得已而为之的无奈。几个月写一篇文章，发表了，收获微薄稿费，我快乐；一天监考，可得数倍于稿费的监考费，我痛苦。

我快乐于三五"尺码相同的人"一起谈语说文，教学掌故，时尚潮流，成为最佳下酒菜，即使揶揄打诨，观点相左，面红耳赤，拍案而起，坐下来又可以推杯换盏，不失为人生一大快事。无论是"寒夜客来茶当酒，竹炉汤沸火初红。寻常一样窗前月，才有梅花便不同"，还是"绿蚁新醅酒，红泥小火炉。晚来天欲雪，能饮一杯无"，这样的场合，我有强烈的表现欲，知无不言言无不尽，没有顾忌，没有装腔作势。我讨厌考试之后的分析会，装模作样，无关痛痒，废话连篇，只是为建一个台账资料而已。类似的场合，我如坐针毡，话不投机半句多，我能不开口就不发言，免得因自己的擦枪走火而引起别人的不快，不说真话又让自己人格分裂。

我为班级里学生排名靠前而高兴，我更喜欢看到，班级后几名的学生，每天带着笑脸对爸爸妈妈说"再见"，放学时又像燕子一样高兴地飞到父母的怀里，撒个娇，吃着准备好的零食，其乐融融，满意而归，而不是走进校园，立即收敛笑容，离开校园，还要被追问"今天的作业多吗？老师批评了吗？"我希望与学生在校园里相遇，不管是晴天雨天阴天，能见到你的一天就是晴朗的一天；不管是昨天今天明天，能和你在一起的一天就是美好的一天。

泰戈尔说，当鸟儿的翅膀被系上黄金，鸟儿就飞不起来了。我深以为然。教育生活的快乐就是享受过程，如果被功利绑架，快乐的翅膀就无法自由伸展，对天边的云彩就只能望而兴叹。

教学亦教育

朱自清先生曾有这样的论述:

我五年来深感"知的教育"的苦痛,觉得教师若只是贩卖知识,决不能做出好事!他以为只要本科能够尽责,便可安然;殊不知世上竟没有这样容易事!平日毫不过问学生的性行,要他用功你所教的一科,那是梦想!便是能对付机会考试,也只是敷衍而已;决不会真的认识该科的目的!他终于得不着"自己的知识"!这真是"教而不育"了!

朱自清先生连用六个感叹号,痛陈旧教育中司空见惯的"教而不育"的弊端,拳拳之心、殷殷之情溢于言表。

在现代语境中,教育与教学其实不可能截然分开。教学貌似一个流程,却蕴藏着"像呼吸一样自然"的"人生观、世界观、价值观"教育,学生在潜移默化中获得躬身实践、自我修炼、品格提升,只不过不是直白地告诉学生"同学们,我们学习了这篇课文,要怎样怎样",学生也不是傻乎乎地跟着老师"天地玄黄吼一通"。我相信大多数老师都能做到而且也在做着的。

立德树人,是教师的天职。教学,是教师之所以为"教师"的前提。教学本身就是教育,离开教学谈教育,就会"皆若空游无所依"。

会教、善教,并不是说教师只要做一个匠气十足、"教而不育"的"技术工"。"胸中元自有丘壑,盏里何妨对圣贤。"我们对学科知识了然于心,纵横捭阖,对教学艺术驾轻就熟,运斤成风,方能在课堂上横槊赋诗,指点江山，学生才能同频共振、观点共鸣、情意共生，怦然心动，豁然开朗。倘若教师自身胸无点墨，工作三年，重复三十年，甘为鹪鹩井蛙，又岂能带着学生向那明亮的地方进发？用发霉的奶酪去应对嗷嗷待哺的学生，令其味同嚼蜡，营养不良，精神缺钙；用一些僵化、机械、简单的方法培训"刷题机器"，使学生苦不堪言，学而生厌——这，算不得教学。真正的教学，是依托学科特质，帮助学生树立终身学习的理念，在心中播下成长的美好种子，激发"心系天下""家国情怀""责任担当"的志趣与情操，这是教育的应有之义。如果一定要傻傻地分出哪是"教育"哪是"教学"，无异于庸人自扰，胶柱鼓瑟。

有些学者，总喜欢拿着放大镜在课堂教学中寻找缺乏"教育意义"的细枝末节，煞有介事地告诫老师"此处应对学生进行思想教育"，要"时刻关注学生精神成长"云云，似乎"教育意义"可以独立于"教学情境"而存在，或者是附着在内容之外，无中生有，凭空而降，其实是无聊之举。上课，不可能"单纯地"完成"学科教学任务"，而忽略教育之义（其实，所谓好课，这些因素自然包括在内）。有学生开小差了需要提醒，学习习惯不好要及时帮助，认识上有偏颇要纠正，对待动作慢的学生要耐心等一等。你能说这只有"教学"而没有"教育"吗？

老师就是一个高明的牧羊人，把学生带到水草丰盛的地方，然后守护着合适的边界，不至于让学生在自由寻觅的时候或迷路不返，或歧途徘徊，或面临险境。教学中，努力做到"有教无类""因材施教""不功利不势利""腹有诗书气自华""给学生带来美的感受"，这就是"教育"。

教学与教育，二者一体两面，不可分割。所有的教学都是教育——除非，老师本身不合格。

教育何必太刻意

当下教育,似乎推崇每一个活动设计都要有"教育意义"。我们刻意地给学生营造一个被教育的环境,无孔不入,煞费苦心,空间上和时间上都安排得密不透风,让孩子连抬头仰望星空和自由呼吸的机会都没有,因为我们追求"教育"无处不在。一切貌似与教育无关的统统都被格式化,清空,删除,好让我们孩子处于一个"教育真空"之中。

然而,我们该扪心自问,这些指向"教育意义"的活动是否会"有心栽花花不开"?甚至追问一下,其意义是指向了正面或是反面?

有一则关于杨丽萍放弃培养小彩旗的新闻,引发了人们的思考。"杨丽萍把小彩旗视如己出,希望小彩旗能完成自己的梦想,把民族舞蹈发扬光大。"然而,杨丽萍为了将小彩旗培育为下一代"孔雀舞"的引领者,用本人办法培育小彩旗,竟然让小彩旗不上学,最终播下的是龙种,收获的却是跳蚤。小彩旗表示不想像姨妈一样为了舞蹈放弃家庭,她坦言自己想结婚生子。有网友尖锐地指出"杨丽萍毁了小彩旗","臂膀和腿并不纤细,而孔雀舞却需要极为纤细的身段,尤其是臂膀和大腿。可能因为这一点,小彩旗并不合适跳孔雀舞"。杨丽萍也不得不无奈地表示:"她已经与当初的梦想背道而驰了,将来也不会考虑再培养她,她在向自己喜欢的方向发展,不会勉强。"

这则新闻可以有多重解读,但我们应从中看到,教育不能太自私,不能罔顾孩子天性而"为你好,受不了"。

龚自珍在《病梅馆记》中写道:"斫其正,养其旁条,删其密,夭其稚枝,锄其直,遏其生气"。于是,"病梅"就这样产生了。想想我们的教育,每一个活动都带着功利目的,把手段当成目的,本末倒置,每一个自然生长的孩子,都被按"教育要求"雕琢、修剪、塑造,原本像鲜花一样的孩子,能在设定的"教育"藤蔓之上次第开放、楚楚动人吗?

读书时,犹记得教科书上说得言之凿凿,教育要润物无声,可是现实中教育的痕迹却非常明显,术语与理念齐飞,口号与思想共舞。学校也要"建设书香校园"了,莫非学校不是读书的地方?动辄要对学生进行"环境教育""生命教育",甚至"反腐倡廉教育"也"要从娃娃抓起",把成人游戏植入孩子的头脑中,孩子柔弱的肩上能否承受连社会都无法承受之重?我们嘴上说着"十年树木,百年树人","教育是一个慢慢的过程",行动上却是"日日清,周周查,月月考",恨不得"每天都看到学生在进步"——如果真是这样立竿见影,那教育就变得简单了。

每个活动都赋予一定的教育意义,其实就是让教育装扮得搔首弄姿以掩饰其急功近利的动机,把教育变得像商业活动一样,向"利"字暗送秋波,投怀送抱。身处其间的老师和学生,往往倍感压抑,无处可逃,只能选择迎合世俗,忘却初心。最终,教育的病态导致孩子的"病态",也就在所难免。

教育不必太刻意,最高的境界是"无痕",是"天街小雨润如酥,草色遥看近却无","随风潜入夜,润物细无声"。而今的教育,要像龚自珍对待"病梅"那样,"纵之顺之,毁其盆,悉埋于地,解其棕缚",尊崇儿童天性,坚守教育常识。

教育首先是培养人，然后再谈培养"人才"

吴非先生的博文《你播下了什么只有未来知道》中有段话，发人深省：

有个校长到任，翻阅校友回忆录，忽然冒出一句"那一届好像没出什么人"。我很惊讶，这是什么混账话？他眼中"人"的标准，是"高官""名人""阔佬"，是那些可能对他"有用的人"；其他"普通人"竟然都不算"人"了！——不说笑话，留心一下，目前教育界盛行的，就是这样猥琐的价值观。这种"人才观"其实已经"非人化"。

经常有人举例，校庆最能体现一所学校的格局。在校友宣传中，一定会列出建校以来辈出的"名人"，对那些优秀校友，又是请来座谈，又是将他们的大幅照片挂在校史馆的陈列室供参观。可是，没有人想过，难道这所学校这么多年来就培养了这几位"名人"吗？这些名人的成长发展就是你这一所学校的功劳吗？还有，毕业生中更多的则是"普通人""非名人"，是不是也是你这所学校培养的？再追问一下，成千上万的校友中，有无违法犯罪的毕业生？如果有，是不是也是这所学校培养的呢？自己打脸的事儿倒是时常见诸媒体。某校一个毕业生或升官或发财后，马上就被母校请来当作励志模范，又是题字，又是挂画像。后来，不幸的是，这位校友锒铛入狱了，母校又开始连夜铲除题字，撤去画像，消除恶劣影响。如此前恭后倨，学校扮演了一个可笑的势利眼，令人唏嘘。

教育的第一要务是培养"人"，而不是培养"人才"，"人才"也是"人"。

孔子提出教育"有教无类",所以被称为圣人;孟子则觉得"得天下英才而教之",是人生的第三大乐趣,境界等而下之。现在的教育,动辄提出一些荒唐的口号,要培养"一流""领军""人才",恰恰忽略了教育的"基础性"——学生首先要做一个人。那些肆意横行、令人瞠目的口号的潜台词,其实是考试分数一流,考上好大学,找个理想工作,成为功成名就者之类的代名词。那些成了普通劳动者的毕业生,在很多人眼里,似乎连人都不算了。在这种功利目的的浸染中,人的价值观渐渐发生变化,各种成功学、励志心灵鸡汤甚嚣尘上,好像"人皆可以为尧舜"。看一些"生涯规划"类的活动,我惊讶地发现,学生小小年纪,都有惊世骇俗的"鸿鹄之志",科学家、航天员、工程师、政治家、金融分析师……成了学生的最高目标。

我们经常教育学生理应"志存高远",这原本无可厚非,但前提是,应该教每一个学生,要先成为一个普通人,一个大写的人。否则,就与教育的初衷背道而驰了。

2014年,参加《奇葩说》的清华学霸梁植,介绍自己是清华大学的在读博士,拥有清华大学三个不同专业的学历:法律(本科)、金融(硕士)和新闻传播(博士)。如此优秀,却对毕业之后做什么感到困惑,被同是清华校友的高晓松毫不留情地给予一番训责:

我知道,你是目前清华最优秀的在校生之一,涉猎了很多比赛项目,很多人都认识你。但对于一个名校生,对国家和社会没有一点儿自己的想法,反而纠结于找工作,如此小的格局,实在有失清华高材生的身份。一个名校生走到这里来,一没有胸怀天下,二没有改造社会的欲望,在这里问我们你该找什么工作,你觉得愧不愧对清华对你十多年的教育?!

当人们艳羡这些"人才"头顶着名校光环的时候,是不是可以发问:他们与蓝翔技校的毕业生有何区别?他们与对话"你在干什么?我在放羊。放羊干什么?挣钱娶媳妇生娃。生娃干什么?放羊"中的放羊娃有什么不同?在我看来,本质上一样,只不过有些人的愿望切近,有些人的愿望茫远罢了。

难怪著名学者钱理群指出，现在的教育充满实用主义、实利主义、虚无主义，正在培养出一批"绝对的、精致的利己主义者"。所谓"绝对"，是指一己利益成为他们言行的唯一的绝对的直接驱动力，为他人做事，全部是一种投资。所谓"精致"指什么呢？他们有很高的智商，很高的教养，所做的一切都合理合法，无可挑剔。他们惊人地世故、老到、老成，故意做出忠诚姿态，很懂得配合、表演，很懂得利用体制的力量来达成自己的目的。

教育就是培养人的事业，成为"人才"固然欢喜；没有"成才"，只要"成人"一样高兴。《庄子》记佝偻丈人承蜩的故事，说道："虽天地之大，万物之多，而惟吾蜩翼之知。"梁启超先生在《敬业与乐业》中说："我信得过我当木匠的做成一张好桌子，和你们当政治家的建设成一个共和国家同一价值；我信得过我当挑粪的把马桶收拾得干净，和你们当军人的打胜一支压境的敌军同一价值。大家同是替社会做事，你不必羡慕我，我不必羡慕你。"世界之大，什么样的人都需要；人之禀赋，各不相同。让学生长成最好的自己，就是最好的教育。是鲜花，就让它芬芳世界；是小草，就让它染绿大地；是大树，就让它成为栋梁之才。高楼大厦的建设，需要设计师，泥瓦工也不可少。鲁迅先生1924年1月17日在北京师范大学附属中学校友会的演讲中说："天才并不是自生自长在深林荒野里的怪物，是由可以使天才生长的民众产生、长育出来的，所以没有这种民众，就没有天才。""所以我想，在要求天才的产生之前，应该先要求可以使天才生长的民众。——譬如想有乔木，想看好花，一定要有好土；没有土，便没有花木了；所以土实在较花木还重要。"鲁迅先生的意思是说，天才的产生需要民众的土壤。

教育，首先是培养人，然后再谈培养"人才"。

教育，需要逐渐卸除外力作用

记得以前就听说过这样的事儿：幼儿园老师为鼓励孩子，就在小朋友脸上贴上星星、小红花；小学老师多在作业本上盖上红五星。孩子们常常以此为荣，并且相互比一比谁脸上贴的小红花多，谁的作业本上星星多。据有关教育理论称"这是孩子前进的动力"。

后来，又有各种评比，老师的奖励、表扬手段也是层出不穷，项目名称与日俱增，目的是让所有的孩子都能得奖。于是，走进教室里，贴满了奖状；亲朋好友互访，如有孩子，一定会多关注些墙上张贴的奖状并赞美几句，人人有奖成了一种趋势。

后来，又出现了"举手发言加分"的举措，目的是用分数来刺激孩子们踊跃举手发言，课堂上充斥着种种廉价而又无聊的"好，真好""真棒"之类令人发腻的公式化表扬，营造的是"师生互动"的假象。

再后来，又有"五道杠"的传说以及全班"人人有官当"的神话。只要有个人头，都会有个帽子。其中的玄机，众所周知。

经常有家长对我说，家庭教育中他们也会有激励手段的，比如，完成作业后，奖励玩两个小时的电脑游戏；比如，考到90分，买个游戏机（现在升级为电脑了）。

以前，有一位领导就振振有词地说，一个好的老师，就是要会"哄骗"，能把孩子哄骗得听话并刻苦学习的老师就是好老师。现在，应该用"忽悠"更恰当。

从以上种种说法、做法可以看出，对于孩子的教育，成年人比较倚重老师和家长威逼利诱的外力作用，所谓"为荣誉而战"是也。

于是，我们看到，各种奖励措施日新月异，各级各类表彰百花齐放。如此循循善诱的目的只有一个，那就是把孩子纳入我们制定的一套体系中。于是，我们的学校教育，我们的家庭教育，似乎总是充满着甜蜜的滋味，是开满鲜花的原野。一片皆大欢喜，似乎教育已经非常民主平等，学生个性化也获得了空前的尊重，每个人都可以尽情展示自己闪亮的一面。

一派欣欣向荣的背后，我们会发现，教育，其实并没有我们想象的那么浪漫，描述的那么美妙，"透过开满鲜花的月亮，依稀看到你的模样"。苦涩的滋味"才下眉头，却上心头"，学生厌学涛声依旧，师生负担依然压力山大，考试成绩依然是高悬在头顶上的一柄坚不可摧的达摩克利斯之剑。即使偶尔"风乍起，吹皱一池春水"，但很快又风平浪静，山还是那座山，水还是那片水。

为什么？因为我们似乎忘记了，这一切的作用，都是外在的力量。而外力，总有一天会消失的。一旦没有了小红花、五角星、奖状证书、封官许愿、分数评比、加分、玩游戏，那么，孩子还要写作业、做好事、举手发言吗？答案不言自明。写到这儿，我不禁想起吴非老师说过的关于教师读书、写作、反思的事儿来。吴非老师问一个老师：最近读书写作吗？对方坦然回答：我最近几年还不要评职称。又问一位评上高级的老师：最近读书写作吗？对方不屑一顾地说：评上高级了，还读书写作干吗？言下之意，"革命到头了"，马放南山，刀枪入库，开始吃老本。

成年人尚且如此，孩子就更不必说了。表扬和鼓励是重要的，这一点毋庸置疑，尤其是在心智还不成熟的低幼阶段。但其真正的效力毕竟只是短暂的，即时的，有限的。用得好则罢，用得不好，则会给学习和发展带来畸态和扭曲，使得孩子在幼小时就学会过于功利和世俗，被一些微不足道的利益蒙蔽，而不知道自己所欲何为，路在何方。学习，不是出于自身需要，不是发自内心，而是为了眼前的蝇头小利，就会缺乏远见卓识。于是，就出现了一些家长抱怨的孩子提出"你不给我玩游戏，我就不做作业"之类的讲价钱谈条件的要挟。

我读小学时，一直担任班长，到了初中后，几个学校的学生集中到一起，强手如林，我只降格担任了一个副班长，为此我委屈了很长时间。好在我的班主任后来对我说："你读书是为了当班长吗？"我才慢慢恢复了常态。现在我做老师，也常常会遇到一种情况，孩子刚刚从小学过来时，会有一些不适应，老师表扬的语言少了，班干部少了，伴随着孩子的，有不少的失落，孩子甚至会想：我怎会一夜之间就失宠了呢？是不是没有别的同学发展得好？而我的学生进了高中后回来看老师时，也会时常说到一个话题，说高中老师没有初中老师那么"精心呵护"了，似乎关注不多了，肯定也少了。我总是笑着告诉他们，鸟儿羽翼丰满之后，不能总是停留在温暖的巢穴里，需要自己展翅翱翔，而不是一辈子生活在他人的荫蔽之下。

哲学说，外因是变化的条件，内因是变化的根据。人的发展，只有依赖内驱力，才会长久和可持续。如果不是出于内心，而是为了迎合外力，那么，外在的刺激终有一天会消失，老师的忽悠手段终有一天会江郎才尽，孩子在被哄骗之中终有一天会恍然大悟，有一种被欺骗被利用的感觉。很多看上去很美丽的东西，有时不过是为了满足老师的利益和家长的面子而已。

成年人竭尽所能的鼓励与刺激不过是赐给孩子练习走路的拐杖，有朝一日，总要扔掉拐杖，自己学会走路，才会运步自如，大步流星。如果把拐杖当成终身依赖，那么孩子是长不大的。教育的误导常常表现为把手段当成目的。所以，随着孩子的逐渐长大，教育的过程，就是一个逐步卸去外力作用（请注意，是"逐步"，而不是"一下子"），而让孩子内心强大起来，早些独立迈开大步，自己昂首向前的过程。我们要做的是，逐步卸去孩子飞翔的翅膀上的种种负担，让他们自由翱翔；逐步卸去那些附着在孩子成长道路上的种种动机不纯的诱惑，让他们不带功利坚实地走好每一步。

路，总要自己走的。

可怕的"特色"

曾读到报纸上一则新闻,说某校千名学生都学会一种乐器"竖笛",因此,学校被称为"竖笛特色学校"。

曾几何时,"创建特色学校"成为一个比较流行的口号,于是出现了"书法特色学校""乒乓特色学校""羽毛球特色学校"之类的称号。我对这些学校争创特色付出的努力表示敬意的时候,便胡思乱想起来。就拿这个千名学生都会竖笛的学校来说吧,全校学生都学一种乐器,到底是特色,还是置学生的个性于不顾,统一"让老虎学游泳,或让蚯蚓学飞翔"?

我们知道,学生都是禀赋迥异的个体,正如世界上没有两片完全一样的树叶一样,学生也不可能如模板刻出来的标准件。用脚趾头都能想得到的是,成百上千的学生,有人喜欢乐器,有人可能并不喜欢;即使每个人都喜欢乐器,也可能这个学生喜欢钢琴,那个学生喜欢小提琴;再说了,千名学生中,一定会有很多学生并不具有学习乐器的天赋,为了"特色学校"而让这些学生也跟着学竖笛,是不是赶鸭子上架,摧残和折磨这些学生,造就新的滥竽充数的南郭先生?我曾有幸参观过一些所谓的特色学校,所见所闻,无非就是几个"专业"上佼佼者的成果展示,大多数学生其实并未真正获得多大发展。而且,据我了解,很多"艺术特长生"的作品和成果,也不是在学校里培养出来的,而是在校外教育机构练就的,是家长们花费了巨额培养费而获得的。因而,把这些成绩归功于自己,学校有贪他人之功为己有的嫌疑。曾有所学校,因有个篮球和羽毛球二合一的场馆,学校便决心创"羽毛球特色学校"，但其做法无非就是建立个"羽毛球兴趣小组"，偶尔会有几个学生来这里打打羽毛球。像这样的"特色"，果真算起来的话，我估计每个学校都有好几个"兴趣小组"，暂且认为就是特色吧，那么，这么多的"特色"，还敢宣称自己有"特色"吗？这样就带来了问题：为什么要让所有的学生都学习一种乐器呢？我想，答案只有一个："创建特色学校"。在创建特色学校的名义下，漠视学生个性特点，抹煞学生个性差异，追求的是一种批量生产的规模效应、整齐划一的视听效果。我不敢想象，一个学校，如果真的发出的都是一种声音，其他的非特色则万马齐喑，那是多么的可怕！

其实，具有"特色"情结的学校，不仅要以这种方式让学生"被自愿"，甚至还要统一规定老师的教育教学行为。比如，听说某个地方有了什么新的"课改经验"，也不管是否水土不服，马上就组织人马前去参观学习，然后回来依葫芦画瓢，并要求本校老师不折不扣地效仿，结果大多时候是邯郸学步，东施效颦，人云亦云。教育上，这样的事并不鲜见，流行集体备课时，有学校马上就要求备课组老师"四统一"："统一进度""统一教材""统一教法""统一作业"，于是，奇迹诞生了，走进每一个教室，上课都是一个版本，课件一样，教案一样，恨不得老师讲的每一句话都一样。教师只能照本宣科，极端地忽略各个班级学情的不同。连教师个性、班级个性都视若不见，何谈尊重学生个性？有一阵子流行"学案导学"时，不少学校跟风而动，组织教师大规模编制"学案"，然后还要规定，上课"必须用学案"，且不论"学案"编制的科学性如何，单这个"必须"，就把一节节课变成习题演练课，导致课堂教学变成统一习题解答，原本应该流淌着生命活力的课堂，变成一潭死水、僵化刻板的"对答案"，有老师貌似在分析讲解，启发诱导，其实他心中早已有了标准答案，教学过程只不过是遮人耳目的"请君入瓮"，了无生机。尽管这样，学校还要作为"先进经验"在各种场合进行介绍，号称本校的"教学特色"。

写到这里，我想起了李镇西老师讲的一个故事。有一次领导来校检查工作，询问成都武侯实验学校的"办学特色"时，作为校长的李镇西坦然回答："我们学校没有特色。"义务教育阶段，我认为办学并不是为了自创什么与众不同的教育，而是要努力做好国家规定的各种教育教学任务，尽力创设条件为学生的个性发展提供支持。办学目标也不是要把义务教育学校办成什么"专业学校"。有些学校连国家课程的开设都要明里暗里打折扣，还要创办特色学校，无异于削足适履，贻笑大方。至于说什么校本课程，也应尊重学生的意愿，尽力提供多种课程为学生自选，而不是逼学生都学一个东西。

千人一面，不是我们的追求，我们追求的应该是百花齐放。老夫子两千多年前就讲过，教育应因材施教。学校教育不是要让学生幸福地成长吗？那么，让我们记住罗素的一句话：参差百态，乃幸福地本源。

不把学生培养成和自己一样的人

读李希贵先生的文章《今天我们怎样教语文》，其中有些观点倍觉新鲜。李希贵先生说："语文教学不是为了把学生都培养成和我们一样的人。"

坦率地说，刚看到这句话时，我多少受到些打击。为什么？因为我们日常教育教学时，都会自觉不自觉地奉"亲其师信其道"为至高境界，通俗地理解是，学生喜欢某位任课老师，喜欢上这门课，进而就会在这门功课上取得满意的成绩。于是，在不少会上都会听到老师们如何让学生喜欢上这门功课的经验介绍，他们常常是优秀教师的典型代表，有时还会作为旁观者津津乐道于"什么样的老师带出什么样的学生"。检讨一下自己，我也曾为此而自豪过。

诚然，在当下学生普遍厌学的情形下，老师们能有招数让学生心甘情愿地爱上一门学科，并获得长足发展，这是可喜可贺的。"我一见你就笑"总比"我一见你就怕"要好。换言之，这样的老师，相比于一些让学生一见就头皮发麻的老师要高出千百个层次。我也非常愿意相信，这些老师都是带着良好的愿望，让学生在某些学科上优于其他。但细细观察一下实际，我们可能会注意到几种情况：一是某些老师任教的学科成绩非常好，而这个班级的其他学科可能会一塌糊涂，令我们老师沾沾自喜的是，很多学生把更多的时间花在他们喜欢的学科上，对其他学科则比较冷漠。二是有些学生在某些学科上显然并非强项，也总无法取得优势，但因为喜爱而把时间投入在这样的事情中又总是找不到感觉，反而自寻烦恼，屡屡受挫。经常有家长对我说："梁老师，孩子很喜欢上你的语文课，可是为什么语文成绩总不能达到优秀？"对此，我都只能含糊其辞，安慰一下家长"孩子尽力就行了"，有时还不得不违心地对家长说些"方法不对""还没到火候"之类的废话。其实多元智能理论早就告诉我们，有些孩子再努力，也不可能在语文学习上获得多大的成绩，其他学科也同理，只是碍于各种原因不愿说不敢说罢了。三是所有参加过研讨会的老师都会发现，会上老师们都会强调本学科的重要性，最明显的莫过于，每次都会听到学科教师纷纷表示"时间不够"，希望学校能"适当照顾，多安排课时"，理由当然都是很充分的。有些老师也会在学生面前明示暗示本学科"最重要"，"同学们要多花精力和时间"：语文老师说，学不好语文，将来无法与人沟通交流；数学老师说，数学太差，连做个小商贩都会给别人算错钱；英语老师说，不学好英语，将来无法跟世界接轨……心照不宣的是，其他学科就要排在"次要"的位置上。有时也出于好心，不惜牺牲"课标"的严肃性而层层加码，语文老师恨不得把"四书五经"搬到教室，初中阶段就要教高中的内容，导致学生爱则爱了，却爱得艰难，爱得沉重。

  对此，李希贵指出："这是一个很大的误区。很多专家总喜欢把自己对学科的热爱等同于学生的热爱，并进而喜欢把自己的热爱强加给学生——一句话，我们总是自觉不自觉地做着这样一件事：把学生培养成和我们一样的人！"李老师是说"专家"，其实我们老师也是如此。他还说，学生的灾难往往就来自我们这些专家的好心和对自己学科的热爱。我们忘记了，只有多样化生存才能保证这个世界的生机与活力，每一个学生都应该成为他自己而不是复制我们！

  李希贵更进一步举例说，要"避免把自己的学生培养成如同自己一样，其中还有规避学生成长风险的原因"。李老师的意思是，如果让学生因为爱这门功课，而忽略其他，则会给学生成长带来危险。我的粗浅理解是，就像孩子处于生长发育期，如果只偏好某一种食物，势必会造成营养不良或营养不均衡的境况。比如孩子爱吃肯德基，家长会天天给他吃吗？显然不能。孩子现在幼小的心灵可能处于爱屋及乌而钟情于这门功课，可是他的读书生涯不可能总是这么幸运,也不会总是遇到自己喜欢的老师。倘若离开了这所学校、这位他所喜欢的老师,那么带来的巨大的反差会令学生无所适从,甚至会倍感失望。我们经常会遇到一种情况,某同学在小学阶段因喜欢一位老师而喜欢上这门课,可是到初中后,换了新环境、新集体、新老师,小学时的"受宠"感觉一下子荡然无存,这时孩子往往会产生逆反的表现,该门学科的成绩也会一落千丈。个中原因是值得我们反思的。所以,李希贵先生告诫我们:"真的希望孩子们能尽可能多地听一些'另类'的声音,有一些多维的指导,让他们在接触多样性的过程中学会判断,学会选择,甚至学会批判。如果每一个班的学生都只从班主任那里接受和吸收信息,甚至他们一个个都像是班主任老师的儿子、女儿,教育的力量倒是大了,表面上也似乎成功了,但对孩子的未来却是大不幸焉!扩而言之,对我们这个民族的未来也是大不幸焉!"

爱学生,就让学生成为最好的自己,而不是自私地认为,爱学生就让他复制老师,永远活在老师的影子中。有一首颂扬老师的歌叫作《长大后我就成了你》。也的确有学生因为从小就对某位老师充满敬意,长大后接过老师的接力棒。可是理智地想一想,如果老师已经达到至高无上的境界,所有的学生都会回来做这份工作吗?从另一个角度来说,我们应鼓励孩子,不要成为第二个我,而应"长大了我就成为自己"。或许,这才是教育的应有之义。

李希贵先生是从语文教育的角度来谈的,整个教育又何尝不是这样呢?

"我不需要他们爱我,我只需要他们信任我"

创造了"56号教室神话"的美国教师雷夫·艾斯奎斯,被《华盛顿邮报》誉为"全美最好的老师""美国最有趣、最有影响力的老师"。雷夫在应邀来中国做客的日子里,每天早晨都要抽空打电话问候他的学生。他站在演讲台上,喜不自胜地告诉他的中国同行:

"我问孩子们想不想我,孩子们说他们生活得很好,不想我,并劝我别着急回去。"

这让雷夫高兴极了,他认为这是自己教育的成功,因为孩子们没有对他产生过度的依赖,他们能够独立地学习和生活。

上面这几段文字,是在校长兼散文家张丽钧的博客中读到的,我相信是真的。

我最觉得不可思议的是,面对这样一位在美国赫赫有名的"全国著名教师",他的学生们不仅没有哭着喊着"雷夫老师,我们想念你""雷夫老师您赶快回来给我们上课吧",反而说离开了雷夫老师后"生活得很好",不想他,并劝他"别着急回去"。

呜呼,这是怎么回事呢?我想都不敢想啊。

在我国,优秀教师事迹中宣传的可不是这样的,套路是,哪位优秀老师(尤其班主任)一旦离开了学校,那么,这个班级的学生就几乎活不下去啦,电话啦、短信啦、邮件啦、车站送行像生离死别。那场面我一次次被感动。

我敬佩的李镇西老师的著作中,我也清楚地记得有这样的真实场景。最直接而又动人的解释就是,这个老师是如何如何受到学生的喜爱,学生爱老师胜过爱自己。而且,在感动之余,我也每每暗自羞愧,扪心自问,我也曾外出学习或参加其他活动,离校少则一天两天,多则十天半个月的,可是,除了我心中常常牵挂着学生外,好像从未有过学生像李老师的学生那样想念过我,盼望着我赶紧回校上课的,或者说,离开我,我班级的天就塌下来的。果真是"念此私自愧,尽日不能忘"。这么多年来,这个秘密就一直埋藏在我心里,从未敢对人说出来过。而且,我还有个小小的心思,若干年来,我也算见过不少"优秀老师",除了李镇西老师外,还真没发现第二个老师能这样的。相反,有时倒见过有老师离开学校而令学生欢欣鼓舞的。有一次,我提前给学生布置艺术节的活动,一个小调皮就带着一脸的坏笑,问:老师,你是不是又要外出啦?我当时就狠狠地瞪了他一眼,心想,这家伙,是不是又想在我离开学校的日子里搞点小动作?

这个不可告人的秘密,直到我读到了雷夫老师的这段话,才稍稍有些自我安慰。原来,雷夫老师的学生,也跟我的学生一样呀。

然而,我更敬佩的是,雷夫老师认为这才是最成功的教育,而不是说,把自己当成老母鸡,把学生当成小鸡,成天用"爱"罩着孩子,爱得让学生窒息,管头管脚,吃喝拉撒,事无巨细,大包大揽。于是,我们的孩子离开了温暖的家庭和教室,离开了百般呵护的家长和老师,就如弱柳扶风,不堪一击,在困难与挫折面前无法坚强自立,而是寻求避风的安全港湾,躲避风雨侵袭。从教育的角度来说,学生毕竟不可能永远只跟着他(她)喜欢的这位老师,将来会遇到各种各样的人,形形色色的事件,爱你的,不爱你的,都有可能遭遇。如果自私地只给学生一种感觉,会使得学生的未来发展空间走向逼仄与狭窄。有时,我们不无遗憾地发现,爱,不过是用来对人行为进行约束的一种美丽的说辞而已。

用雷夫老师的话说,因为孩子们没有对他产生过度的依赖,他们能够独立地学习和生活。哲人早就说过:吾爱吾师,吾尤爱真理。雅斯贝尔斯说过:"教育的过程是让受教育者在实践中自我练习、自我学习和成长。"

张老师的文章题目叫《无视我，这很好》。当被问及想得到怎样的爱的回报时，雷夫的回答是："我不需要他们爱我，我只需要他们信任我。"

如果我是为你提供月亮的方向的手指，就请你奔月而去，而不要只盯住手指，或指望我亲自把月亮摘下来送给你。

当孩子意识到在接受教育的时候，教育就失败了

五猖会在童年鲁迅的心目中是一个盛会，然而，鲁迅盼望观看迎神赛会时，却被父亲强迫背诵《鉴略》。童年的玩性和封建教育上演了冲突，鲁迅的心情也发生了逆转。父亲对儿童心理的无知和与儿子的隔膜，以及封建思想习俗的不合理，足以令人思考。

每次读《五猖会》，我的眼前总会浮现出一个画面：一个可怜的孩子，正兴致勃勃地准备去玩，"我笑着跳着，催他们要搬得快些"，没想到，随着父亲的一声怒吼"去拿你的书来"，"给我读熟。背不出，就不准去看会"，如同一盆冷水从天而降，孩子垂头丧气地拿起书来，无可奈何地"读着，强记着，——而且要背出来"——尽管"我一字也不懂"。

后来，尽管"一气背将下去，梦似的就背完了"，终于得以去看五猖会，但是，"我却并没有他们那么高兴。开船以后，水路中的风景，盒子里的点心，以及到了东关的五猖会的热闹，对于我似乎都没有什么大意思""直到现在，别的完全忘却，不留一点痕迹了，只有背诵《鉴略》这一段，却还分明如昨日事"。

可以想象，这个背书的过程，给儿时的"我"留下的是多么无聊无趣的记忆。这何尝不是以"教育"的名义，对孩子天性的一种摧残？

时间过去百年，目睹今日教育，似乎还有一些做法并未得到改观。比如，我们会组织学生进行一些春游、秋游之类的活动，现在已经改名为"社会实践活动"了。我以前做班主任时，经常会有学生问："老师，回来要不

要写作文?"我总是义正辞严地说:"要!"学生立即像泄了气的皮球,捶胸顿足,哭丧着脸说,那还不如不要出去玩了。后来,我作了改进,不再给学生"社会实践"布置作业了,玩就让学生痛痛快快地玩,学习或写作,不要那么功利地"带着教育的目的"。玩,本身也是学生的一种生活方式,我们不能剥夺孩子玩的天性和权利。哲人说,闲暇出智慧。可惜,我们现在的教育之意,恨不得渗透到每一个毛孔,恨不得把学生的分分秒秒都填满。如此教育,不令人窒息才怪呢。

有一年,我去游览成都杜甫草堂,巧遇一群七八岁大的孩子。一张张天真好奇的脸,惹人怜爱,他们叽叽喳喳,追逐嬉闹,好不开心,公园内"充满了快活的空气"。突然,我听到一声:"停下!记录!"一个老师模样的人出现了。孩子们立即安静下来,乖乖地掏出笔和小本本,开始对着那墙壁上斑驳的若隐若现的文字依样画葫芦。我注意留心孩子们要记录的东西,发现有些字,我也不认识,便好奇地问:"你们为什么要记啊?"一个小朋友低着头,嘟着嘴,很不情愿地说:"我们回去要写作文。"望着眼前这群奶声奶气的孩子,还不过一二年级,就要带着"采风"的任务,摘录半生不熟的几个文字,回去还要写所谓的作文,身为语文老师的我内心五味杂陈,如此做法,是绞杀还是培养学生的作文兴趣?

大概是 2013 年,我慕名而至无锡东林书院,正在信步闲庭胡思乱想间,院内传来稚子念书声,侧耳细听,竟是此起彼伏的"之乎者也"。循声而去,果然在依庸堂旁的厢房里,看见了 20 多个七八岁的孩子正在上"国学课"。一年轻女教师腰间别着扩音器,穿梭在孩子们中间,正声嘶力竭地讲解"人之初,性本善"。禁不住好奇,我也站在门外盘桓了一会儿。在这闹中取静的优雅环境里读书,原本是何等令人艳羡。可是看看孩子们,一个个脑门上汗珠直滚,面无表情地哼哼着"性相近,习相远",眼睛则左顾右盼,向窗外搜寻着感兴趣的东西。我立即联想到鲁迅先生在三味书屋念书的情形:

于是大家放开喉咙读一阵书,真是人声鼎沸。有念"仁远乎哉我欲仁斯仁至矣"的,有念"笑人齿缺曰狗窦大开"的,有念"上九潜龙勿用"的,有念"厥土下上上错厥贡苞茅橘柚"的……

何等相似!

一位园丁手持水管在为花草浇水,"哗哗哗"的流水声,其诱惑力大大超过了读书的乐趣,孩子们纷纷扭头向外,眼睛发亮,饶有兴趣地看着,尽管口中还跟随老师在念"经",尽管边上坐着爸爸妈妈左一下右一下地殷勤地为孩子扇着扇子,爷爷奶奶顾不上自己却时不时地用毛巾为孩子擦汗。

我不禁有些感慨。如此读经,是让孩子喜爱,还是厌恶?读书毕竟不是孩子们唯一的生活,尤其是现在的学校教育已经把孩子们折腾得死去活来,好不容易放了暑假,却又逼迫着孩子们从学校转战到校外,开始了"第三学期"。优秀传统文化,可以滋养精神,可是,在这酷暑难当的夏天,孩子们却要被"国学"浸润得汗流浃背,抓耳挠腮,欲逃无能,是不是有些不厚道、不人道呢?很多时候,当我们怀揣良好初衷的时候,是不是也顾及一下孩子们的感受。更何况,如此诵"经",是真的动机纯良吗?如今打着诱人旗号干着不可告人的勾当的事儿太多了。当年"冷风热血,荡涤乾坤"的书院,是成年人传经布道的政治游戏,是思想文化孕育之所,文明之风的发祥之地,时人以"躬登丽泽之堂,入依庸之室"为荣,哪里是这样对小孩子实施精神煎熬和时间盘剥的地方啊?

不忍多看,便转身离去。回来后,我写了几句打油诗:

闹中取静读书地,古往今来圣贤范。
丽泽堂前游客少,东林精舍学童多。
手捧经书四下望,心想夕阳快下山。
东林一去不复返,此地空余东林院。

教育的意图,不要太明显,不要太功利。当学生意识到自己在接受教育的时候,教育就失败了。

"教学"莫用"教考"代

观摩一些公开课,我发现一个现象,有不少老师爱用"这里用了什么修辞手法,有什么表达效果?"之类的提问,而学生回答也与应试一样"公式化":"这里运用了……修辞手法,把……比作……,收到了……效果,语言生动形象。"

这样的"你问我答"是试卷上常见的答题模式,屡屡出现在课堂教学中,我戏称为教学用语的"考题化"。公开课尚且如此,可以想象,日常教学也不容乐观。课堂教学成为考题训练的翻版,折射出"教学是为了考试"的观念已经潜移默化,形成"共识"了。有老师无可奈何地说,每一节课都"与中考高考相呼应",这是应试所逼。作为一线教师,我对此有"理解之同情"。每一个人都像一粒微小的沙子,置身于一股巨大的洪流,身不由己地被裹挟着前行。我和很多朋友都感同身受,一旦奋战在毕业班,快马加鞭赶进度,"腾出时间"去刷题,应付一轮又一轮的考试、阅卷、讲评、分析,教材使用草草了事,课堂教学粗疏无聊,学习气氛沉闷呆滞,精神成长无人问津,只有"教考",没有"教学",已然常态化,极不情愿,又徒唤奈何。

诚然,考试是教育教学必不可少的内容,谁也不能否认"检测评价"的重要意义,不会否定"质量是生命线",更不该拒绝考前必要的强化训练。但是,日常教学被外在的功利目标、世俗取向败坏内在的价值目的,我们会发现,种种背离初衷、南辕北辙的做法,竟然摇身一变,粉墨登场,成了竞相模仿的经世致用的制胜"法宝"——以考代教,便是一种。一节节原本应该流淌着生命气息的课堂,异化为考试的前奏或预演,师生剑拔弩张,提心吊胆,忐忑不安地处于紧张的战备状态;一篇篇文质兼美的文章,被肢解成一道道支离破碎的考试题目,只剩下"对"或"错"的甄别,以及鲜红的分数;一个个原本温情脉脉而又激荡思维的对话,被滑行在冷冰冰的试卷上的"对答案"取而代之,教学效果被"均分""优等生占比""后进生人数"等名词偷换概念。我们还发现,关于教学的种种浪漫诠释,都会被讥笑为"不合时宜"而黯然失色,灰头土脸。所谓"莫春者,春服既成,冠者五六人,童子六七人,浴于沂,风乎舞雩,咏而归",被精于算计"有这功夫,不如做几道题目"者视作浪费时间的"幻想";所谓"教育是慢的过程",被信奉"日日清、周周练、月月考"者传为不切实际的"笑谈";所谓"教育是迷恋他人成长的学问",被推崇"提高一分,干掉千人"者斥为白日做梦的"呓语"。可悲的是,尽管教室里终日弥漫着考试的空气,师生时刻笼罩在应试的氛围中,教学价值迷失、意义消解,很多人却视而不见,充耳不闻,或者根本就是浑然不觉!

阿拉伯诗人纪伯伦在《先知》中写道:"我们已经走得太远,以至于忘记了为什么而出发。"以考代教,是一种历史的倒退,每一位老师都应该有清醒的意识并自觉捍卫教学的价值。

教学固然有现实之需,但其使命在于引领,而不是迎合。教学有其自身的逻辑,除了考试,还有更多的作为。教室不是一间普通的房子,不是教师和学生完成任务的一个场所,而是一群心灵契合,彼此为对方生命祝福,为生命中偶然相遇而珍惜珍重的人,共同书写一段生命传奇的良田沃土。当学生说"除了刷题,我什么也不会"时,我们更应该通过教学,让学生呼吸最洁净的空气,享受最美好的时刻,体验最放松的心情,让他晶亮的眸子在稍稍的迷惘之后绽放出嫣然的欣喜,让一个个"人"站立在课堂中央。当老师说"除了教考,我什么也不会"时,我们更需要提醒自己,放缓脚步,扣问内心,教学到底意欲何为?如果不考试,我们还会教学吗?

关于教学,让我们重温一下帕克·帕尔默的一段非常美妙的阐述:"我是用心的教师。有时在教室里我忍不住欢喜。真的,当我和我的学生发现可探索的未知领域,当我们面前展现曲径通幽、柳暗花明的一幕,当我们的体验被源自心灵的生命启迪所照亮,那时,教学真是我所知道的天下最美好的工作。"

教学自有真意义,莫用"教考"来代替。

让墙壁说什么话

某日到一以"文化建设"而闻名的学校参观学习,走马观花,聆听报告,果然有些非同凡响。

我最感兴趣的是班级文化建设中的班主任治班理念,于是驻足欣赏。这不看不打紧,一看吓一跳。我猛然看到了被该校领导树为典型的一位班主任的杰作。其教室的墙上,挂着一张红色的奖状,上面把一次考试成绩从高到低排列着公布出来。我不知道这种文化是不是"考试文化",这在"上面"已经明令禁止的做法,怎么会如此高调地明目张胆地挂在教室里示众呢?

如果这些不算什么的话,下面的这个奖项及说明就可知其"文化"有多厚重了:

三好生标兵:×××。他就是这样鹤立鸡群,脱颖而出,成为五分之一,这是我班人的光荣和骄傲,更希望某某同学继续努力,永远保持第一名!

三好生名单:×××,×××……

他们的事迹告诉我们,他们的人生是多么的有价值,人落后就要挨打的。望其他同学能引以为戒,争取在下半年能有更多的人竞争这光荣的称号。

年级十佳:×××,×××……

说明:顾名思义此奖项是全年级期末文化考试的前十名,我班很荣幸能有两位优秀同学挤进 12 个班级的前十名，这是实力的象征，希望他们戒骄戒躁，保住自己的地位。

　　列位看官，请认真读一读这几则材料，您会读到其中多少错别字、用词不当、语句不通、标点使用错误？您会读得这里隐含着多少信息？

　　也许有人会说，人家班主任工作做得好，就不要在语言文字上挑骨头了。

　　也许有人会说，现在就是应试教育，除了分数，别的都无所谓。

　　但我还是要坚持一下自己的意见，因为这是在学校里，而不是路边的小餐馆，这是"文化建设"，正如人们挑剔故宫博物院写错别字一样，不能容忍。

　　倘若这些文字随便出现在路边摊头上一个识字不多的人所开烧饼店的招牌上，我大可一笑了之，连提醒的愿望也没有。但这是每天都在对学生进行文化教育的神圣殿堂，每天都在"用每一块墙壁说话，每一块地面说话"的耳濡目染的教育殿堂。所以，我不得不说，这不是小事，而是大事，是老师自失尊严。

　　也许，有人还会说，你是个语文老师，人家班主任也许不是语文老师，出点小瑕疵也就无所谓。如果是这样的想法，那我更要说几句了。我发现，相当多的非语文老师班主任，乃至学校领导，他们对语文是不屑一顾、极其不重视的，甚至无所谓。所以，一些领导台上讲话时语句不通，用词不当，错字连篇，语无伦次，照样脸不红耳不赤，而背后常常成为老师们私下的笑柄。毋庸置疑，很多老师最喜欢看领导笑话，不是老师的心理不健康，而是一些领导的自我感觉过好，不学无术也照样装腔作势，肆无忌惮。我不知道某些领导是不是也会有脊梁隐隐发凉的时候。有时我也会在一些非语文老师班主任的班级里，看一些班级文化布置，说实话，有很多内容实在是不忍卒读：黑板报上赫然写着"再接再励"；班主任寄语中写道——"上学期，我们班取得了全年级第一的好成绩，把其他班级远远地甩在后面，高出第二名 20 分"，这还不够，还要说明原因——"这是在学校领导的亲切关怀下，在各位家长的支持配合下，在全体任课老师的辛勤付出下，在全体同学的共同努力下……",一连串的排比,让我不禁想起令人唾弃的社论体八股腔,连起码的逻辑都不讲了;还有一个学校用大红字把办学方向刻在醒目的位置,这段天天展示在学生、家长甚至外来参观者眼前的"方向",一个大大的逗号排在第二行的第一个位置……

估计连班级里语文成绩比较差的学生都能看得出的错误,竟然也堂而皇之地挂在墙壁上。真不知道,这样的"墙壁"在诉说些什么。我想起了曾奉命审阅一些班主任撰写的学生评语的事儿来,说实话,有些评语,几乎连修改的必要都没有,依我的想法是,不直接推倒是不能拿出来的,姑且不论其套话、废话、空话,其中的错别字、语句不通、标点符号使用不规范的现象铺天盖地,可以说,短短几十个字是满目疮痍,我都怀疑这些老师当年的语文有没有学过,更无法想象,当这些评语送达家长手里时,家长们会对我们的班主任有何想法。换位思考一下吧,倘若是我孩子的老师,那么我会从内心深处鄙视这样的老师的。

还记得上次到另一所学校时,看到他们学校墙壁上的"血腥口号",至今想来仍毛骨悚然。在另一所号称文化建设成果斐然的学校里,我走进厕所,却发现厕所的门把手尸骨无存,有的干脆把整个门硬生生地拉扯下来扔到一边,有的把拖把插到便池里,整个厕所更是臭气熏天,因为孩子们没有"去也冲冲"。更有不少学校的学生把好端端的课桌刻得千疮百孔,学校竟对这样的课桌"文化"熟视无睹。

也许您觉得不可思议,这些事儿怎么可能发生在学校里呢?我可以负责任地说,这就是事实。其实也不奇怪,因为现在学生读书,也无非就是一些试卷而已,学生早就成了做题的机器,至于文化、公德心、责任感,不过是老师们的自我安慰,以及一些人满嘴跑火车的点缀而已。您要较真说"文化",那么您就是一个不能与时俱进,不识时务,与周围的人格格不入的被人嗤之以鼻的迂腐书生了:文化,几块钱一斤?文化,能提高学生的考试分数吗?文化,能帮助我升官发财吗?

不要以为有文字就有文化。文化建设,首先让我们的墙壁说正确的话吧。

长大后，你应成为"你自己"

有一首歌，做老师的耳熟能详，歌词中写道：长大后我就成了你。

这句歌词，很多老师是引以为自豪的。某些老师常常因学生将来像自己一样做了老师，以此来表明自己的教育成功，"薪火相传，弦歌不断"；也有人用来形容自己，曾经被某位老师或榜样所感染，最终也成了那样的人。

这当然是一种精神，一种力量，一种情怀，催人奋进，值得赞许。

但是，如果用这句话来表明培养学生是否成功，推而广之，甚至影响到学生将来的发展方向，是值得商榷的。

我认为，成功的教育，学生不是成了老师那样的"你"，或者是成了老师希望的"你"，或者是成了榜样那样的"你"，而是成为"你自己"。

一个人的成长，固然离不开关键人、关键事、关键时机等"关键"，但毕竟影响一个人成长的因素很多，就像一条奔腾向前的河流，在跨越千山万壑的过程中，这里拐个弯，那里跃个坎，随时都可能改变方向。一个老师对学生成长和发展有一定的影响，但不能武断地说一个老师就决定了一个学生的人生走向。就拿上学来说，学生会遇到很多老师，只不过有的老师的影响显山露水，有的老师的影响潜移默化，有的老师的影响立竿见影，有的老师的影响要到将来的某个时候才会明白。怎么能说就是你对他影响至深呢？其他老师、其他人和事、社会环境、机缘巧合呢？

其次，一个学生将来会不会当老师，是受很多因素制约的。比如，他喜欢做老师，他具备做老师的能力和潜力，他能把教职做好。可以说，这些都是不可或缺的，少一点，恐怕就不太乐观了。打个比方，一个学生，他有做老师的激情，但是，他不具备做老师的一些基本"天分"，做教育工作蛮干而不讲方法，不合道理，那么，他长大了没有"成了你"，而成了他自己，无论是对他个人，还是对学生而言，未尝不是一件好事。

再次，每个人都有自己的兴趣爱好特长，未必都要成为"你"。世界上没有完全相同的两片树叶，人的个性亦如此。姚明的语文老师不会因为姚明成了运动员而沮丧，如果姚明去做语文老师，则恐怕不是一块好料；陈景润是一个数学天才，但他只适合一个人埋头研究，他不会教学生学数学；马云没有继续做老师，但他的老师会为他而高兴的。

雅斯贝尔斯说："教育帮助个人自由地成为他自己，而非强求一律。"

阻碍学生"成为他自己"的，有两种看上去是"教科书"理论，实际上是变相的"压迫"情形，值得警惕。

一种是老师过分让学生把时间花在自己所任教的这门功课上。每一个老师都喜欢强调自己所任教功课的重要性，"让学生喜欢自己所任教的学科"，是很多成功老师的经验之谈——如果不喜欢这门功课，那么，问题是不小的。这当然是专业自尊和敬业的表现。但任何事情都过犹不及，仅仅喜欢这门功课，也是大问题。

李希贵先生在一个班里连续听了三节课后，发现了一个严峻的现象："每一位老师似乎都希望班上的每一位学生都成为自己这一学科的专家，未来都报考自己所教的专业，甚至因为他们太爱自己的学科，也因为他们太爱自己的学生，于是，教学标准不断拔高，学科的专业性在不断增强，而学生的负担也由此而生。"基于此，李希贵先生进行了改革，让学生可以选择自己的任课老师以外的老师做自己的导师。他说："我们真的希望能尽可能多地听一些'另类'的声音，有一些多维的指导，让他们在接触多样性的过程中学会判断，学会选择，甚至学会批判。如果每一个班的学生都只从班主任那里接受和吸收信息，甚至他们一个个都像是班主任老师的儿子、女儿，教育的力量倒是大了，表面上也似乎成功了，但对孩子的未来却是大不幸焉！"所以，我们做老师的，不要总是很自私地声称自己所教的这一门功课最重要，而让学生只学习这一门功课——有可能，我所教的这一门功课，并不适合学生的发展，结果却让他牺牲了自己的兴趣而浪费了更多的精力和时间。

另一种让学生"成为别人"的情形，即教育学上著名的"榜样教育"原则。老师和家长们总是喜欢用这样的口吻告诉学生：要向谁谁谁看齐。人们常说，"榜样的力量是无穷的"。可以说没有哪所学校不使用这种惯常教育原则。

我们树立的"榜样"往往是这样三种类型：一是名人，二是精英，三是身边的"好学生"。毋庸置疑，由于榜样本身具有生动鲜明的形象，榜样教育一方面能引导受教育者学习榜样的模范行为，另一方面也会使之通过接受榜样精神的感染、熏陶和激励，使道德行为动机得到激发和强化，思想境界得到净化和提升。然而，榜样教育并非无条件地具有如此强烈而深刻的教育作用，它的有效性依赖于教育者具体实施过程的科学性。时下的榜样教育中有一种情形不能不引起我们的关注，那就是开展榜样示范活动的往往只是一些成绩优秀者、三好生，或者是为在某些方面有一定特长的学生所设置的单项奖励获得者。而这些学生往往具有不可复制、不可模仿的特征，因而对其他学生的影响力是微弱的。根据我自己的观察，榜样的力量有时是有限的。比如考试，有人总是冠军，笑傲江湖，而有人则总是陪跑者，或者是坐在路边为别人鼓掌的。你让蚯蚓去向雄鹰学习飞翔，让公鸡去向鸭子学习游泳，让鱼儿去向狮子学习奔跑，不是自寻烦恼吗？

再说了，即使榜样的力量是无穷的，人人都"见贤思齐"，而学校教育并不是工厂的流水线，并不意味着学生都要"千人一面"地成为榜样那样的角色。从统计学上说，也不可能人人成为三好生，不可能人人都"成名成家"。人在社会中将承担的角色是多元的，学校教育中一旦以这种单一向度的"榜样"为唯一的标准，势必将人生的丰富性变得单一，难免不适应社会的复杂性。从现实教育中我们可以看到，"三好生"是老师和家长追捧的对象，在每次总结表彰会上，也是众星捧月，风光无限，然而，老师将他们说得天花乱坠，为什么现实中还是这样几个老面孔而其他学生却总是与之无缘呢？难道这样的榜样本身就不具有示范性了？值得深思。我们树立榜样，并不是要求人人都成为榜样那样的人，做榜样所做的事，走榜样所走的路，而是更侧重于从榜样身上汲取其"人格力量"，学习其做人做事的风范。

雅斯贝尔斯说："教育是人的灵魂的教育，而非理智知识和认识的堆积。通过教育，使具有天资的人，自己选择决定成为什么样的人以及自己把握安身立命之根。"

每个人的珍贵之处就在于成为他自己，而不是成为别人的复制品。

"己所欲"，也勿轻易"施于人"

翻阅一本教育杂志，其中有一篇采访著名学者的文章吸引了我。其中的一些观点，如"语文素养应该是很辽阔的"，"学习古代经典要转化为现代的思想"，"语文教学必须继承和吸收中华优秀传统文化"等，我都非常赞同。这位著名学者的著作，曾经还是我读书时的教材。在我心目中早已高山仰止了。但是吾爱吾师，吾尤爱真理。我觉得文章中有些观点可能也有过激之处。比如，这位先生说："我一直主张，全国的小学语文第一课，就讲八个字：孔子的'己所不欲，勿施于人'。"窃以为，并不合适。

我非常理解先生对于国人伦理道德的关切之情，先生认为，"语文素养的内容之一是有关道德伦理，通过学习语文能知道中国人对自己的道德要求"。先生还认为，"应该利用时间给学生讲些更有意义的，更有语文素养内涵的东西。老师尽量讲，学生尽量学。让孩子把这八个字记住，甚至可以带回家里，跟爸爸妈妈爷爷奶奶讨论这八个字的意思。"先生所描述的画面，非常浪漫，非常美好。然而，有时未必就是真实的，只能是一种虚幻的想象。

记得苏霍姆林斯基在他的帕夫雷什学校里也进行开学第一课，但是他们的第一课，不是讲要"爱祖国"，而是"爱你的妈妈"。有人问原因，他说，孩子最亲近，也最能理解的就是爱自己的妈妈了。至于说爱祖国，不是不要，而是要慢慢来。再说了，一个人如果连自己的母亲都不爱，何谈爱祖国？（大意如此）

由此观之,对孩子要进行思想品德方面的教育,但不是进行道德理论的灌输。回过头来说,我敬重的这位先生所提出的小学语文第一课讲八个字"己所不欲,勿施于人",实在是有些凌节而施,超越了学生的年龄。先生所说,也许有一定的道理,但是,恐怕效果未必如愿。

其实,这样的事情,在我们日常的语文教育活动中,已经屡见不鲜了。不少语文课上,老师们费尽心机落实"情感态度价值观"的教育,实施的路径也不过是在文本阅读中,给学生讲一些"生命""自我""自然"方面的高头讲章。拿文本当道德教育的教材,用夏丏尊先生的话说是"把国文科变成了修身科或公民科"。我们一方面要教育的内容贴近学生的实际,一方面却制定出一些离学生很远很远的内容把他们搞得晕头转向,从一进校门就开始接受如此的"做人之道"的训练,学生食古不化,学习乐趣和持续学习的动力从何而来?先生还说,一年级教"来来来,来上学"这些东西是"无用的",我倒觉得有用得很,孩子们学得有情趣,又贴近孩子们的生活,读起来朗朗上口,有何不好?一首"床前明月光",小学里学,中学里学,甚至大学教授也在研究,但是,年龄层次、生活阅历不同,研究的侧重点不同,各有收获。比如说,同样是这五个字,谁都会写,有几人能像李白一样,用极简洁的五个字,创设了内涵极其丰富的意蕴?

同样也在这篇采访稿的后面,在记者问"鲁郭茅巴老曹"这些名家的著作要不要读的时候,先生说:"因为小学生、初中生不能理解他们的思想,让初中生读鲁迅的《野草》,他们是没有感觉的,不能理解。"读到这里,我不禁有些吃惊。既然先生认定初中生读鲁迅的《野草》不能理解,那么给小学一年级孩子讲"己所不欲,勿施于人",孩子们是不是也无法理解呢?

我想是一定的。这些年来,打着拯救灵魂的旗号而试图在语文教育上打打闹闹的事情多了去了,现实中也有一定的市场,大有可以跟娱乐新闻一比高低的势头。我见过不少老派的、新派的,语文教育内外界的学者、作家,他们的拳拳之心,天地可鉴,却往往好心未必能办好事,因为他们常常会从自己的角度来阐释一些对语文的理解,什么作家自己做高考试卷不合格啦,什么作家写下水文啦,什么学者谈语文教学啦,都可视为可以攻玉的他山之石,但这些个性化的解读,并不能代表全部,某种程度上,其实只是一些舞文弄墨者的独特声音,不能成为左右所有人学习语文的标准和尺度。我们的语文教育,首先应该是面向全体学生的语文学习,是以"学习运用语言文字"为己任的具有普适意义的语文教育,尤其不是以培养作家为目的,当然也不是以培养学者、专家为目的。固然,语文有对孩子进行思想教育的得天独厚的条件,但是,毕竟不是语文教育的全部,语文教育也不能包打天下。本就步履蹒跚弱不禁风的语文教育,其实不能承受如此之重。我相信,先生绝不愿意我们现在的语文教育,回到过去那种"天地玄黄吼一通"的旧式教育模式中去,也愿意理解先生为中国语文教育而担忧的急火攻心。因此,就不避尊者讳,斗胆发出自己的一点粗浅微薄的声音。有时也不能因"己所欲",而"施于人"。

多培养"讲理"的孩子，少培养"听话"的孩子

有人曾说，中国学生的优点是听话，缺点是太听话。中国的学生，好与不好，人们总喜欢用听话不听话来衡量，一般地，听话的孩子被认为是个好孩子，比如，父母或老师要孩子去做什么，如果孩子爽快地答应了，那么，大多时候会获得这样一句带有褒扬性质的赞语："真是个听话的好孩子！"

我认为，对于孩子"听话"好还是"不听话"好，不可一概而论。从成人的角度来看，所说的这个话是不是该听，本身就值得推敲。如果老师或父母的话是正确的，该听；而并不正确或者并不完全正确，乃至还会有错误的，还要求孩子去"听"，那就是对孩子的误导，是把孩子往歧途上引。有好几次在路口，我看到家长准备勇闯红灯的时候，坐在车后座的孩子会大声提醒妈妈或爸爸"不要闯红灯"，可是家长却从鼻孔里冒出一声"哼"，不顾孩子的劝阻，不顾来往穿梭的汽车，扬长而过，看到这种情形，我既为他们的安危担忧，更为父母在孩子面前的表现感到失望。

不顾理性原则的教育理念，会引发一些中国特色的教育行为，令人啼笑皆非。比如，在婴幼儿的教育中，当孩子任性哭闹时，绝大多数家长不是和孩子讲道理，分析任性的危害，而是用欺骗、恐吓与威胁的办法。比如说，"你再哭闹，警察来把你抓走"，"你再闹，我把你扔到外面去"。有小学校长颇为自得地说，有家长讲，孩子在家不听话时，说一句"校长来了"，孩子马上就乖乖闭嘴，老老实实地坐着。生活中，孩子摔倒或磕着了的时候，老奶奶安抚孙子的办法是忙不迭地用手掌"拍打"那块地、踢几脚那张桌子，

口中还念念有词："都是地板不好，让我们家宝贝孙子摔着了"，"这张桌子该打，撞了我们的小胳膊"，而不是帮孩子分析摔倒或被磕的原因。恐吓和威胁的结果，就是使孩子惧怕强权，而不能发展自律的道德。久而久之，孩子在一次次蛮不讲理的破涕为笑中，对自己的行为不负责任，缺乏自我反思能力，习惯性地将错误都归咎于外界、他人的心理倾向，当遭遇挫折时，不是以积极的心态面对，而是怨天尤人甚至愤世嫉俗。

  孩子的是非观念还不是很成熟，成人如果以自己的强势来让孩子屈服，接受不当的信息，那就等于扼杀孩子的思考和想象，等于压抑、禁锢、奴役、摧残、践踏、束缚、钳制……让孩子自觉地消失自己的声音，这样的教训在现实生活中并不少见。当然对于正确的话，即使是百分之百正确的话，作为成人也应该用适当的方式来让孩子心服口服，而不是强制地灌压进去。

  曾看到一则故事，是中外两个母亲教孩子的事。一个寒冷的冬天，两个母亲都要带孩子出门，而孩子都不想多穿衣服。中国母亲是先哄，软的不行就来硬的，"啪"，一个耳光打下去，孩子在哭哭啼啼中穿上了衣服，愉快的出行以不愉快开始。而外国母亲见孩子不愿意穿衣服，就默默地把衣服收拾好放在包里，到了门外，孩子禁不住冻得腿脚发抖，牙齿打颤，这时母亲拿出衣服，孩子高兴地穿上了，并说："谢谢妈妈。"母女二人欢快地拉着手出发了。孩子缺少一定的生活常识，母亲知己知彼，在生活环境中让孩子有过体验之后再接受母亲的劝告，这样的教育才是水到渠成，而不是出力不讨好的强制执行。倘若我们总觉得自己是出于好心而强制要求，结果却是"为你好，受不了"。由此可见，即使是为了孩子好，也不能以呵斥、规定、服从、驱使、奴役、强制为手段，也不能漠视孩子的主体性、无视孩子的自由与尊严。

  在教育教学上，我们老师也会抱着一种善良的愿望：我觉得重要，作为学生你就要认识到它的重要性；既然我用心讲了，你就应该认真地听。言下之意就是，我说的就是正确的，学生就要全盘接受，而不能有丝毫的怀疑，否则就是大逆不道，就是不尊重老师。说到底，就是以老师为中心的一种专制性格。其实，该不该听，不是看从谁的嘴里说出来，而是要看什么标准，真理面前人人平等，不因为你是老师或者是学生。亚里士多德打17岁起就跟随其师柏拉图学习，时间长达20年之久。对亚里士多德来说，柏拉图既是他非常崇敬的恩师也是他的挚友，正所谓"良师益友"。他曾作诗这样赞美过柏拉图："在众人之中，他也是唯一的，也是最初的。……这样的人啊，如今已无处寻觅！"然而，在探究真理的道路上，亚里士多德表现出极大的勇气：他不畏权威、不畏传统，毫不掩饰他在哲学思想的内容和方法上与老师存在严重的分歧，毫不留情地批评自己恩师的错误。这很自然引来一些人的指责：亚氏是背叛自己恩师的忘恩负义之徒。亚里士多德对此回敬了响彻历史长河的一句名言："吾爱吾师，吾更爱真理！"

孩子对于成人的观点，如果不问青红皂白，一味地接受，那就意味着用自己的嘴巴永远地说着别人的话，大脑失去思考的作用，丧失了主体性的孩子，将来只会成为仰人鼻息、人云亦云、唯唯诺诺的人，缺乏独立性、主动性和创造性，缺乏进取意识，盲目从众，循规蹈矩，逆来顺受，忍气吞声。说得难听些，正如鲁迅先生说的那样，从想做奴隶而不得到暂时做稳了奴隶的进化而已。

我们的孩子，从小接受的教育表面上看不可谓不严格，不可谓不全面，但是，都是以"听话"为标准，就演变成在成人压迫之下的无奈之举，隐忍而不发，配合着老师，甚至只是在等待时机而已。经常听到看到毛骨悚然的新闻，报道一些在虎妈狼爸严酷家教下的孩子，长大后纵然有高学历、高智商也会走上歪门邪道、做出极端行为的情形，令人唏嘘不已。至少有一点是肯定的，就是孩子在逼迫、威慑中成长，一俟脱离了缰绳，便一发不可收拾地放纵以达到宣泄的目的，也可以说是物极必反吧。做教师的都知道，老师"镇守"在教室的时候鸦雀无声，一旦老师转身离去，不再看管时，教室里马上就会炸开锅，乱成一锅粥。

有两次看到的相同情形，我时常记忆犹新。一次在机场，一次在火车站，我看到十几个外国孩子组成的团队，在候机或候车的时候，没有一个成年人在"组织管理"，而是自觉地围坐在一起，悄悄地做着游戏，几乎没有声音，仿佛屏蔽了周围所有嘈杂纷扰的声音，也不管周围的人向他们投来好奇的目光。

看他们的年龄，大概相当于我们的初中生。我不禁想到我们的学生。如果有一个十几人组成的团队，同样是候机候车，会是怎样一番情形？根据我的切身体会，至少有两个现象是存在的：一是，必然有成年人在"管理"着他们，甚至拿着扩音器东南西北地呼叫着"排队排队"，或者收发机票，反复清点，代为保管，再提醒学生"不要大声喧哗，不要乱跑"；二是，必然每个人的眼睛盯着手机或其他电子产品，耳朵里塞着耳机。

这两个场景，我多次想起。我以前从一些媒体上获悉，说欧美国家基础教育如何糟糕，引其他国家"竞折腰"，据传纷纷要向我们学习"经验"，国内的一些基础教育界人士马上扬眉吐气了。可是，他们的孩子走出来，却与我们的学生有如此大的差距，这到底是我们的基础教育成功还是失败呢？我想大家并不陌生的是，食堂就餐时的乱哄哄，如厕之后的不冲水，公众场所的大声喧哗，投机取巧后的自鸣得意，恐怕不是三言两语能说清楚的。我没有太多的案例来评析，没有太多的理论来置喙，也不敢把所有的问题都让教育来背负。说这番话，有人要谆谆告诫我，我们的学生基础扎实，知识牢固，考试分数一流。甚至还会举例，瞧瞧那个英国首相卡梅伦，竟然不会背九九乘法口诀表！看看英国人的数学如此低能，我们的自信心是不是已经爆表了！肯定还有人会提醒我，上海学生在国际上颇具影响力的大规模教育评价项目——PISA测试中，连拿第一震惊各国教育界，这难道还不值得骄傲和自豪吗？可是，有教育专家就非常客观冷静地指出，别忘了这个测试活动，外国侧重于"PISA"，我们的核心在于"考试"，我们会把考试的甄别作用发挥得无以复加，至于PISA的本意，恐怕已经没有几个人说得清！

我希望道德君子，不要批评我是"崇洋媚外"，我自觉人微言轻，还不够格。我想说的是，我们的孩子为什么在学校里看上去都规规矩矩，凡有活动必然排好队、齐步走，可是离开了校园或教室，他们就换了一副样子，有如挣脱了牢笼的鸟儿一样，肆无忌惮？

因为我们平常的教育活动，时刻把孩子置于成年人的看管之下，孩子已经失去了自己锻炼自己的能力。的确，我们在成人高考监考时就会发现，有一些要求很让人觉得不可思议：如果考生把姓名或准考证号填错了，监考老师要承担责任！天哪，那可是已经念过十几年书、久经考场、积累了丰富考试经验的成年人，竟然会犯这样的低级错误，而且还要让别人来埋单，于情于理，都说不过去啊。

教育情境中看上去听话的孩子，怎么就不会自我管理呢？

德国哲学家康德说过："这世上唯有两样东西能使我深深地震撼：一是头顶浩瀚的星空，二是人们内心崇高的道德准则。"我们探讨的不应该是孩子听话不听话的问题，而应该是孩子讲理不讲理的问题，这个"理"就是日常生活的自然法则，就是生活逻辑，就是推理的有效法则，就是我们生活的基本经验和常识。我们要塑造的学生应该是具有"独立之人格，自由之思想"的真正的人。

让我们多培养一些"讲理"的学生，而不仅是"听话"的孩子。

鼓励先进与允许落后

"在一场变革里面我们的原则是鼓励先进，允许落后。当我们允许落后的时候，这种抱怨就不会爆发，就不会变成一种力量，因为我们允许你落后，所以，变革尽量从前面带着走，而不要从后面推着，这是一个重要的原则。"

这是北京十一学校校长李希贵先生在接受《南方周末》记者采访时说的话。李希贵所说虽然是关于学校的改革，但由此我们也可以联想到教育的方方面面，尤其是在教育学生的时候，更可以借鉴这一原则。

我们的教育，历来宣扬的都是学业优秀生的"先进事迹"，并有各种各样的奖励措施跟进，为优秀学生登台亮相创设平台提供机遇，与此相对的便是对落后学生耳提面命软硬兼施："见贤思齐""落后就要挨打"。这些经典的训导，似乎成了真理，常常被用来鞭策落后学生，要向先进看齐，成为"先进同学""那样的人"，就是不会说，要努力成为最好的自己。也因此不知有多少不先进的学生受尽了冷眼、讽刺、挖苦，似乎一个人生下来就应该是先进的，否则，连做人的资格也没有了——君不见，在应试教育的重重围剿中，种种层出不穷的言语软暴力伤害学生，我们甚至已经习以为常。各种场合的表扬鼓励中，我们只会看到优秀生的雄赳赳气昂昂的倩影，落后学生则只有低头鼓掌奉命陪衬的份儿。就拿我们所说的三好生的评比来说吧，每年的三好生无非就是那些老面孔，其他学生在学业标准这一硬杠杠面前，面无表情，事不关己。因为他们知道，再努力，三好生的桂冠也不会降落到他们头上。对于这些学生而言，所谓"先进"的榜样示范，其实没有任何意义。

只"鼓励先进"，而不"允许落后"，其实是漠视了人与人之间所存在的差异性，是以分数论英雄的狭隘意识。我注意观察了一下，自己所任教的两个班级125名学生，从初一进校到初三毕业的最后一次模拟考试，从"名次"上看前十名与后十名的学生，基本没有太大的变化，尤其是几位排名靠后的学生，一直稳居班级最后几名并保持到了初中毕业。尽管我们成天用"先进"事迹来感召、激励，但学业落后的学生依然落后。他们也曾抱有希望，也曾为学业而努力过，但最终还是没能改变他们的命运，多次尝试失败后，认命成了唯一的选择。我们很难想象，这些孩子是如何坚持到最后一刻的。而他们的抱团取暖，也往往成了我们的口实——你看，人以群分，物以类聚。或许，我们需要真实地拷问自己的心灵——"只要努力，就能成功"，可信吗？

事实上，我们出于尊重学生，往往不敢点破一个事实，比如，某某同学在学业上确实缺少天赋，所谓"勤能补拙"之类的训谕，常常让一些力不能及的学生对"先进"望穿秋水而愁肠寸断，屡屡受挫还要"持之以恒"，他们总是被迫在不如别人的方面跟别人比拼，哪怕拼得头破血流也要赴汤蹈火、宁死不屈。老师们也可谓殚精竭虑，不遗余力，以好心的名义，把那些学业落后的学生强行往上拉，又是个别补差，又是上课提问，又是作业面批，赶鸭子上架的措施无所不用其极，运气好的时候也确实把分数提高了那么几分十几分，然而，最后我们还是不无遗憾地发现，那些学业上比较落后的学生，即使多了这么多分数，也于事无补，他们费九牛二虎之力，也赶不上中等及以上学生。到头来，一张考卷还是把他们定格在原有的位置上。

发展是硬道理，但是，首先要讲道理。为此，我们才有必要好好地揣摩李希贵先生的话。鼓励先进的同时，也允许落后，才使因材施教有了可能。相信你看了下面几个真实的案例，会有些不同想法。

我以前做班主任时，班上有一位学生，英语从来只能考个位数，老师想尽办法，终于把他的英语成绩从个位数提高到了两位数——也就是十几分。

可是，这个孩子为此付出了沉重的代价，每天犹如梦游般走进校园，看到英语老师就小腿发抖，听到默写就两眼失神，手足无措，总想理由逃学，而她的其他学科成绩依然是个位数。这个班级的英语均分总算在一次考试中提高了零点几分，而这位同学干脆每到周一就"生病请假"——这个班的英语老师每个周一早上就用默写来检查双休日英语复习情况，作为班主任的我不得不动员该学生来上学，并许诺可以不参加英语默写。家长也亲自到学校来向老师求情：老师，请放过我的孩子吧，我们送她来念书，能学多少学多少，孩子考不上高中也不怪老师。至今，我都忘不了那位家长可怜巴巴的样子和那句"请放过我孩子吧"。哪位家长不望子成龙望女成凤啊！可是，老天爷并没有那么眷顾她，可能播下龙种，连跳蚤也收不到。这又有什么办法呢？

我班有一位女生，每次别人只要花 5 分钟就可以背一首古诗词，而她 30 分钟也背不出来，有时别的同学骄傲地交卷的时候，她连第一句也写不全。每次看到她那艰难的样子，我都感到于心不忍，似乎是我在折磨这孩子，后来只好每次请她照着抄写一遍，我不希望她带着怨恨学语文、上语文课、看我这个语文老师。

我班另有一位女生，只在开学时来报到交了一下相关费用，就再也没到学校来一天。直到中考前的英语口试她才去应试了，满分 30 分她得了 25 分。可是，班上有好几位同学，每天早出晚归背着书包上学放学，一丝不苟地完成老师布置的各种作业，咿咿呀呀地念叨着，勤勤恳恳地背诵着英语单词，可是考试却不如这位未到校上学的女生。

我班有一位男生，从来不做语文作业，为此我跟他斗智斗勇了很多次，连家长也无可奈何，率先投降，可是他每次考试都在班级中上等水平，甚至有一次作业还得了年级第一名，只扣了两分。

同样是在一个教室里上课，我们有时不得不感慨，人与人，差别就是这么大。

这个世界是多元的，既需要高精尖的人才，也需要各种普普通通的劳动者。有一句话是"不想当元帅的士兵不是好士兵"，平心而论，谁不想当元帅，可是又有多少人能当元帅呢？一支部队的元帅毕竟只有一个，需要元运筹帷幄,决胜千里,也需要默默无名的士兵冲锋陷阵,浴血奋战。

每一朵花都有盛开的理由,每一个生命都值得尊重敬畏。孩子的成长是由多方面因素决定的,如果他能长成一棵大树就给人遮风避雨,如果他能长成一片小草就绿茵大地。"允许落后",就是正视人与人之间的差异性,就是精心呵护每一个学生的生存权利。人生不是百米冲刺,而是一场马拉松长跑,起起伏伏,坎坎坷坷,都将是常态,就算是真的暂时"输在起跑线上",未必就是真正的落后,未必就是最终的失败。

扔掉那些骗人的励志鬼话,摒弃那些没有人性的口号标语,让教育回归到真实自然的状态吧。我们在鼓励先进的时候,也请"允许落后"——别忘记"落后"学生一样拥有尊严。

有用与无用

一个叫史托克的流体力学家,在家里的厨房喂他的宠物猫吃奶,一面抚摸着它,一面欣赏它的美态,忽然兴起研究猫喝奶的学问,像牛顿头上掉下了一个苹果,无意中发现了一项神迹。后来,美国普林斯顿大学、麻省理工学院、弗吉尼亚州理工学院,为此花三年半时间合作一项计划,研究猫俯身伸舌头喝碟子上的牛奶时,为什么从来不会弄湿下巴的毛。

如果你看到这里,以为科学家们很无聊,那你就大错特错了。科学家把猫喝奶的纪录片每格细看,看了三年半,终于算出了猫舌出击的速度和每次猫卷舌头的频率之间的一个方程式。再计算猫舌的面积大小,加进去,就算出了一个叫"佛罗德函数"的新东西——每一只猫,每伸一次舌头,舔进多少奶,与猫舌面积和伸缩速度的关系,物理学家在前看片、纪录,数学家压阵分析数据,算出了一个天衣无缝的流体力学新公式。

这一项研究,全凭一股激情,来自对生命的好奇和热爱,对动物的欣赏和呵护,由爱心开始,由敏锐的触觉到冷静的深思,成就了西方文明。

这样的研究,中国人也许觉得无聊——研究猫喝牛奶,有什么用?

在我们这个经世致用的国度里,"有用"与"无用"往往直接成为我们是否值得肯定的准则:读书能带来经济效应吗?写作能赚多少稿费?不能,那读书写作干吗?就连教育也不能例外,"这个东西会考试吗?不考,那教它干吗?"

在我们的教育行为中,有多少貌似"无用"的东西常常被我们忽视。在孩子仰望浩瀚星空时，在俯视蚂蚁搬家时，我们是不是斥责孩子的这种行为是天真、无知、无聊，是不学无术。在现实教育背景下，还有多少学生像张衡一样数星星，像鲁迅一样在百草园里拔草采桑葚，像沈括一样观蚊如鹤、鞭打蛤蟆？我看现在很多学生连亲近泥土的机会都没有，所有的时间都被好心的家长和老师把作业像填充物一样塞满，即使所谓的"社会实践活动"，去的地方也都是人工雕琢的塑料景点而已。学生只不过是从一个圈子里被拉到另一个圈子里，前有学校领导带队，后有班主任管理，中间还有班干部分组监督，排着队，沿着规定的路线，跟着大部队前进，听着导游讲解（是不是像老师满堂灌？），拍个照，兴尽而返。在价值判断唯一的情况下，其他的事情都被视为另类，这是很可怕的。曾有一次，学校举行文艺汇演，台上一位女生一曲精彩的越剧清唱赢得了台下师生的阵阵喝彩。活动结束时，我羡慕地对这位同事说："你真幸运，班上有这样一位才女！"谁知，这位班主任撇撇嘴，冷不丁冒出一句："有什么用，考试成绩一塌糊涂！"说罢，扬长而去，害得我怔怔地愣在那儿。

很多东西，看上去无用，实际上却是在孩子的心中播下了思想的种子，只需给予充足的阳光和水分等自然生长所需的条件，终有一天会发芽成长的，我们何苦要揠苗助长呢？留点时间，留点空间给孩子，他们的天空会是五彩缤纷的。无数的事实证明，"考试成绩一塌糊涂"的人，将来的发展未必会比考试成绩好的人差。

未成年期对于一个人的性格养成极为重要，是阳光、积极、豁达、坚强，还是阴暗、消极、狭隘、自卑、懦弱，往往与人的这个阶段的经历有很大关系。对于成年人而言，让孩子留下一个值得回忆的少年时代，就是留给孩子一辈子的精神财富，要比留下一个一辈子都不堪回首的阴影要好。孩子的世界我们都曾经历过，哪怕就是偷过邻居家的瓜果，抢过同桌的橡皮，用墨水在同学的后背涂画，拆卸过家里的收音机，多少年后回想起来，觉得弥足珍贵，回味无穷，因为我们觉得这就是孩子会做的事情；我们甚至没有远大理想，有时只是想长大了做一个收破烂的，也挺自豪的，自由和快乐才是人生的主旋律。《学记》有云："大学之法，禁于未发之谓豫，当其可之谓时，不陵节而施之谓孙（逊），相观而善之谓摩。此四者，教之所由兴也。"意思是说，大学教人的方法，在一切邪恶的念头未发生之前，就用礼来教育，来约束禁止，这就是预备、防备的意思（所谓防患于未然是也）。当学生可以教诲的时候才加以教导，就叫作合乎时宜。依据学生的程度，不跨越进度，不超出其能力来教导，就叫作循序渐进。使学生互相观摩而学习他人的长处，就叫作切磋琢磨。这四种教学方法，是教育之所以兴盛的原因。可是，时间逐渐打磨了我们的童心，背负上太多的期望，心灵开始老化，直至成年后，就开始把成人的愿望不由分说地强加于孩子身上。我们会发现，幼儿园、小学阶段，对世界还知之甚少的时候，就要开始发宏愿，立大志；可是，等到上了大学后，却觉得奋斗到头了，不再苦读，一下子全身心放松，消磨时光。该玩的时候，被强压着学习；该学习的时候，又自我放纵不知所措。这样的颠倒，其实是时间和所对应的事情产生了错位。

这些被我们称为"教育"的行为，扭曲了孩子的天性，忘记了孩子在他们这个年纪做应该做的事情。我们可能都忘记了一个不容忽视的事实，即使成就一番大事业的伟人，他们也有童年，也有一般人的烦恼。阿忆的《普通人的烦恼》一文中就提到周恩来赴日求学的经历。1918年1月，周恩来19岁，理科成绩不好，转道东京，到日本三个月，因为没有约束，人变懒了，1月的早晨很冷，他便懒得早起，睡过10点才起床。1918年早春，周恩来报考东京高等师范学校，因为日文差而落榜。夏初，周恩来报考东京第一高等学校，同样因为语言能力不足，再次名落孙山。他的最高学历是南开高中毕业，但他的最高职位是中华人民共和国总理。他有着普通人的烦恼，但这并没有影响他成为20世纪的军政巨人。可以看出，伟人的童年也有不成熟的一面，喊出"为中华之崛起而读书"的周恩来，也不是天性十分刚强，也并非一贯勤奋，后来我们知道的巨人周恩来，大致是后天修炼而成的。我们完全没必要神化伟人的事迹，让孩子觉得是"王侯将相宁有种乎"，还原出真实的故事，或许让学生更觉得可亲可近。

猫喝牛奶，西方的学者研究出大学问来，后面有一股动力——最好的教育，是培养一颗永不熄灭的好奇心。然而可惜的是，我们现在的学生却没有了这样的仁心、好奇心，不敢有，也没有时间去尝试。因为他们一心只读圣贤书，两耳不闻窗外事。学生只能在试卷和习题堆里翻腾几下，鲜有栉风沐雨，自然界的花鸟虫鱼飞禽走兽，正越来越远离我们的孩子，童真童趣，估计只能在宠物和盆景中慰藉心灵，在鲁迅的百草园里想象，在沈复儿时鞭打蛤蟆的过程中艳羡了。而这些，恰恰是没有了生活基础的，失却了自然之趣，学生难以获得真实体验与情感认同，对文字的理解也是障碍重重。我们看到不少学生的作文，乃至被冠以"满分"的作文，只是从文字到文字的空对空滑行，只好从故纸堆里挖点残羹冷饭来故作呻吟。扑面而来的很少有那种清新自然的充满生活气息的情趣，而是一个个少年老成，老气横秋，满腹幽怨，愁肠寸断，发霉和压抑的味道浸满字里行间。似乎小小年纪就已经阅人无数，饱经沧桑，情天孽海沉沦过，身世浮沉雨打萍。成人急着把孩子拉到成人的世界里，再用成人间的游戏规则去衡量孩子，于是，小小年纪就开始削足适履，天性泯灭，像"仲永"一样早衰。如果孩子以小老头小老太的口气腔调来待人接物，世故圆滑，言不由衷，见人只说三分话，不肯全掏一片心，这样的孩子一旦被褒扬为"会做人"，委实可悲。连面对全校师生的升旗仪式讲话的称呼语都是"各位领导……"，听到这样的演讲，我们且慢欢呼，而是要还孩子一些正常的孩子的生活。

　　捍卫孩子的童年，就是要让孩子做孩子该做的事，说孩子该说的话。有用与无用，由孩子未来说了算，现在，谁都无法预料。

好心与恶果

上课时,其他同学正认真地写作业。坐在第一排的小张手里的水笔已经五马分尸,手上沾满了墨水,脸上也有两块。原来,他的笔坏了,正忙着修理呢。

我说:你赶紧换一支笔,下课再修吧。谁知,他沮丧地告诉我,平常班主任老师总是在讲台上为大家准备几支备用笔的,今天不知怎么搞的,居然盒子里一支也没有了。

听他一说,我才发现,平时讲台上除了任课老师的粉笔盒外,还有一个插满了水笔的盒子,而今天,那个盒子果然空空如也。原来是班主任老师为防止有同学忘记带文具而精心准备的,里面除了笔以外,还有橡皮、修正带、修正液等,让同学们学习时有备无患。可是,今天那个盒子空了,小张同学就只好在上课的时候修起笔来。

看到这个情形,我不禁有些感慨。这样的事情,我以前也做得不少。

学校红领巾佩戴查得紧,为了不影响班级的常规检查分数,我特意多买了几十条红领巾储备在办公桌里,一旦有同学忘记了,就赶紧递上一条;打扫卫生时,学生经常忘记带抹布,我就多买了些时刻准备着;甚至,学校要求学生上体育课时要穿运动鞋,我也为学生量身订购了一些鞋子;更不用说计算器、笔等,我是有求必应。

可是,时间长了,我发现本来不过是为学生应急之需而准备的东西,却成了学生的依赖。当他们发现有些东西忘记带了,便若无其事地走到我面前，伸手要东西。经济账不算，这个习惯的养成可不是什么好事。长此以往，学生似乎对一些规章制度的要求不太重视，总觉得有班主任为他们准备着。好心，没有引起学生反思自己的行为，反而让他们做事缺乏很好的计划和准备，其实，就是好心助长了学生的陋习，收获的是恶果。

《克雷洛夫寓言》中有一则"隐士和熊"的寓言，说的是一位隐士与一只熊交了朋友，熊对隐士关爱有加。一次隐士睡觉时，有苍蝇落在他脸上。熊赶不走苍蝇，于是就用石头去砸隐士脸上的苍蝇。不用说，苍蝇跑了，隐士死了。

克雷洛夫生活在18—19世纪，与他同时代的清代文学家乐钧在其笔记小说《耳食录》中也讲了一个类似的寓言。说的是有个人很讨厌苍蝇，整天用木棒追打。一天苍蝇落在父亲头上，他勃然大怒，抡起木棒就打。结果，苍蝇跑了，父亲死了。

这两个寓言都讽刺了那些动机善良但却办了坏事的人。他们的悲剧在于，出发点绝对正确，但做事的结果却极其坏。

一位家长满脸沮丧地对我说："梁老师，孩子以前写作业可快了，现在做作业总是拖拖拉拉的，为什么？"我说："你是怎么做的呢？"家长说："以前孩子老早做完了，我就另外再安排一些作业给他补充练习。现在就总是拖延，所以，也无法给他另外加作业了。"

我说，问题的症结就在此。以前孩子做完作业，家长总是担心孩子浪费了时间，不停地给他做加法，使得孩子没有任何自己支配的时间。他想到自己的作业永远也做不完，还不如慢慢地应付。久而久之，拖拉的习惯养成了。班级里有几个孩子，经常不完成老师布置的作业，问之，答曰："我要到外面辅导机构去上课的，没有时间完成老师布置的作业。"听了这理由，我感到啼笑皆非，这不是本末倒置吗？

我理解家长病急乱投医的心情，但是，我也告诉家长，这样做的后果是孩子越来越不会合理安排自己的时间和任务，只能想方设法来推掉一部分，结果是得不偿失。

诚然，家长和老师是要关心和帮助孩子的。但关心和帮助的行为指向应该是让学生能够独立而不是处处依赖。如果总是牵着孩子的手而不放心让孩子独立地学步，那么，孩子是难以学会独立行走的。现在我们发现有一些孩子自立自理能力非常差，总是丢三落四，责任心不强，行为被动，做什么事情都要家长和老师督促，晨读老师不说读什么就坐着干等，就餐时不停地讲话，上课东张西望，写作业磨蹭。他们一般智商并不低，但成绩不十分理想。究其原因，主要就是所受照顾过多，家长和老师包办得太多，孩子在家享受的是饭来张口衣来伸手，在学校也有老师高举"爱"的大旗把学生的一切都设想好准备好，几乎都是"现成"的，用不着去"操心"。

要让孩子自立，最好的方法是，把孩子当作一个独立的个体来看待，而不能仅仅看作是附庸和照顾的对象。应该充分相信，孩子一定能把事情做好，逐渐改变孩子的依赖心理，自己的事情自己做。

教师和家长对孩子的爱是发自内心的百般呵护，但不可忘记爱的方式有多种，否则，过分的溺爱就是"害"。不能自立的孩子无法在社会中生存，所以，真正的教育并不是给予援助，而是培养自立的人；不是束缚住他们的手脚，而是为他们的放飞作准备。既然我们不能代替孩子成长，就不能为其免除自立的痛苦，否则，纵有辽阔的天空，孩子也不会飞翔。有了自立能力的人，才懂得独立思考，才能够在遇到问题的时候作出自己的选择；有了自立能力的人，才能够具有创造精神，才能够做出与众不同的事情。自立者强，自强者脚下必有路。

《孔子家语》里有这样一个故事：鲁国的穷困老百姓，有的被卖到别国当奴隶。鲁国法律规定，若有人把为奴的鲁国人赎回来，政府给报销赎金。这条法律出台后，大大推动了鲁国人的救赎行动。孔子的弟子子贡是个富人，他在周游列国途中，遇到了一位鲁国奴隶，便花钱把这个人赎了出来，但他却不愿去政府领赎金。孔子知道这件事后，对子贡进行了严厉批评。在孔子看来，圣人做事，应该起到移风易俗、教化百姓的作用。子贡为显示自己高风亮节，不去领赎金，这反而会造成很坏的影响。如果大家都像他这样，赎人靠自己掏腰包，政府给钱也不要，那今后谁还愿意赎人？子贡的"义举"虽没有损害自己的行为价值，却损害了国家的法律……果然，子贡的事迹传开后，产生了很大的负面效应。后来的人再也不能以正常的心态去向政府领取赎金了，因此出钱赎买奴隶的人便越来越少……

  教育，不能仅凭好心、善心，要看是否符合教育的客观规律；论功过成败，不能只看好事、坏事，要看是否合乎情理。老师们切不可出于"好心"，做后果严重的蠢事、坏事，——尽管很多事情在当时看来像"好事"。

眼前的快乐，也是快乐

2016年，里约奥运会女子100米仰泳半决赛，傅园慧用58秒95的成绩获得了第三名，刚上岸，记者就跑过来对她进行采访，问她今天觉得自己的状态怎么样。傅园慧像个孩子一样开心地称：非常满意，已经用了洪荒之力。此话一出立刻吸引了无数的粉丝。傅园慧因此获得"洪荒少女"的绰号，其开心的样子早就被做成了各种表情包。

洪荒少女之所以能成为网红，最重要的不是她的成绩，而是她面对成绩的心态。"开心""满意"是关键词，也是最能打动亿万普通百姓的稀缺资源。对于重大的国际比赛，我们似乎习惯了这样几个高频词：拼搏，牺牲，勇夺，冠军，感谢。如果不达成目标，则记者的镜头里充斥的是失败者的泪水。

执念于第一的比赛，总让人觉得太累，功利性太强。

教育，也是如此。

一次考试结束后，班主任找到一位考了班级第三名的同学谈话。

班主任：你觉得这次考得怎么样？

学生：我觉得已经发挥出最佳水平了。

班主任：取得第三名，你有什么感想？

学生：我非常高兴。

班主任：除了高兴，还有没有其他的感想？

学生：没有。

班主任：可是老师和同学们都预计你能获得第一名。对此你有什么感想？

学生：那是别人的想法。我觉得自己获得第三名已经很高兴了。

班主任：难道你不想获得第一名？

学生：当然想。

班主任：那你现在只获得第三名，一定很遗憾吧？

学生：我已经说了，我很高兴。你为什么要让我遗憾不可？

班主任：下次考试，你的目标是第一名吧？

学生：我没有想那么远。我只知道现在获得第三名，本来高高兴兴的，你却不让我高兴，非要我遗憾，要我考第一名。我想问老师：为什么考第三名不能高兴？

班主任：好，你高兴，你高兴。

谈话就此结束了。学生高兴而来，败兴而去。留下班主任怔怔地坐在那里。有句话说：幸福源于比较，其实痛苦也是源于比较。一定要在自己不擅长的领域，去与"知之、好之、乐之"者相比，不痛苦才怪呢。

这样的谈话，也许有老师说从来没有遇到过。甚至有的老师遭遇这样的谈话，便会大发雷霆，责怪学生"不思进取""目光短浅""安于现状"，但是，我们不能否认学生心里的确就有这样的想法，而且有这样的想法，在我看来纯属正常。

我曾经亲历过一次谈话。同样是班级前几名的她，对我坦言："我取得第三名，说明我能行。至于下次考试成绩如何，我想只要我尽力就行了。"这位同学，我没有给她压力，但是她的学业成绩一路高歌猛进，去了当初连想也不敢想的学校。

老实讲，我欣赏学生能有这样的良好心态。每次考试结束后，我们总是喜欢在学生还没有为自己"多收了三五斗"而稍微高兴一下的时候，马上就谆谆告诫："不要骄傲呀"，"这只是一次考试，不能说明多少问题的"，"只有一次优秀还不行，要每次都能保持这样的成绩才能证明你的实力"，"要知道山外青山楼外楼，不要做井底之蛙"。在老师时刻警惕的目光中，喋喋不休的唠叨里，学生即使获得了成绩，也不敢放肆，不敢欢欣，不敢放松。刚刚找回的一点自信心，很快就淹没在老师的循循善诱中，淹没在老师的一句句诤言中，淹没在未来的危机四伏的残酷竞争中，因为大家都知道，沉浸在看不到硝烟的战争中，笼罩在围追堵截的氛围里，竞争无时无刻不在，稍有懈怠，便会一落千丈，粉身碎骨。

我们为什么就不能让学生潇洒地为自己庆贺一下呢？为什么不能让学生稍微喘口气，为下面的拼搏加一把油助一下威？上过几年学的人都知道，那些永远正确的话，即便不说，也是无人不知无人不晓。莫非只有紧箍咒才能激发学生的斗志？莫非只有险象环生的恶劣环境才能使学生在"战战兢兢，如临深渊，如履薄冰"中不敢麻痹？莫非好成绩是偶尔从天上掉下的馅饼？人们常说，失败是成功之母，但是，同样不可否认的是，成功是成功之父。胜利的喜悦未及品尝，热情的火花瞬即被老师的冷言给无情浇灭了，真说不清这是鼓励还是毁灭。

按照这样的思维，我们喜欢的谈话就应该是这样的：

班主任：你觉得这次考出自己的水平没有？

学生：我觉得还没有发挥出最佳水平，否则就不只是获得班级第三名。

班主任：取得第三名，你有什么感想？

学生：我非常不满意。

班主任：除了不满意，你有什么打算？

学生：上课认真听讲，按时完成作业，不懂就问，多做习题……

班主任：老师和同学们都预计你能获得第一名。对此你有什么感想？

学生：那是老师和同学对我的鼓励，我不能辜负老师和同学对我寄予的厚望。我觉得自己不能因为获得第三名而自我陶醉，而要用实际行动来努力争取获得第一名。

班主任：那你现在只获得第三名，一定很遗憾吧？

学生：是的，我很遗憾，我觉得对不起家长和老师。

班主任：下次考试，你的目标是第一名吧？

学生：当然了。我会用自己的勤奋来报答老师、家长、同学对我的关心，让所有人高兴。

班主任：好，好，这就对了，我期待着下次考试时你如愿以偿。我想跟你说的就是这些，既然你已经有所认识，那就不多说了，去学习吧。

谈话就此结束了。学生高兴而来，承载着老师满满的期望而去。

这种故事也正在各处学校上演着，真是平常而又平常的，每次考试之后这样的对白又要重复多少次。学生也已经机械地揣摩出老师的意图，回答自然也会迎合老师让老师满意，至于心里的真实想法，也就不得而知了。

换作我一定是"只恐双溪舴艋舟，载不动许多愁"。

想起一句话，也许对我们有所启发：高处有月亮，但是如果你的目标是苹果，而你飞到一万米高空，那么你既得不到月亮，也看不见苹果。

所以，如果学生的目标是苹果，那么就让我们为学生摘到苹果而高兴吧。

这不是什么佛系。

有没有一间教室让孩子留恋？

下午，我和金同学的爸爸在办公室里聊了一会儿孩子情况。金爸爸告诉我一个细节。期末考试期间的一天下午，正好轮到学生在校自主复习，他们家里有事，就帮金同学请假并把孩子带回去了。可是，金同学在回去的路上一直不满爸爸的这个做法，因为他想留在教室里。

金爸爸不说这事，我都忘记了。他一提起，我猛然想起，那天下午，还有一位女生凌同学，也是妈妈跟我请假想带孩子回家自己复习的，我答应了，并告诉小凌，妈妈已在学校门口等着，赶紧收拾书包回去吧。可是，凌同学下去后，很快又回到教室，我惊讶地问："你不走了？"她腼腆地并带着她一如既往的微笑回答我："嗯。"

我们班平常总是五点一到就准时放学，但我也发现一个让我左右为难的现象，有好几个孩子，放学了就是不愿意赶紧回家，总喜欢待在教室里，叽叽喳喳地谈论，或是班干部们在商量班级活动，也有像凌同学这样在学校里再做会儿作业后回家的。说实话，我挺喜欢看着孩子们肆无忌惮、开开心心地聊一会儿天的，毕竟一天的学习下来，绷得紧紧的弦也需要适当放松。然而，为学生安全考虑，我又不得不"赶"他们回去。很多时候，看着他们有些失落的表情，我也有些于心不忍而又无可奈何。记得有一次，小章背着个书包在教室外走来走去，我问他怎么不回去，他说，妈妈要过会儿来接，教室里不让待，只好在教室外闲逛，我竟一时语塞，不知道怎么回答了。

想起了这些情节，作为班主任和语文老师，我顿生感慨。在不良的社会环境下，学校恐怕是仅存的一个相对纯洁的地方，是孩子成长过程中不可替代的场所，这里本该有知识，有快乐，有同伴，有成长，有他们自己的生活时间和话语空间，是孩子们的精神家园，理想在这里播种，信念在这里萌芽，未来在这里起航。

毋庸置疑，学校和教室，应是学生最留恋的地方。

然而，在功利至上的应试教育滚滚洪流中，人们越来越看不清它的真实面貌，试卷代替了知识，竞争抹去了友谊，苦学驱散了快乐，升学冒充了成长，教育也不再那么令人肃然起敬，相反，过多地掺杂进利益、交易，以及泡沫、浮夸，原本应该引领社会健康发展的教育，也迷失了自己的航向，违背了自己的本质，随波逐流，跟风盲从，沦为追名逐利的工具和政绩的点缀。于是，种种扭曲变态的措施、行为，最后都以种种动人诱人的名义毫无廉耻地加到孩子身上，社会动机加剧了功利主义的力量，扭曲了童年的价值，绑架教育走上了轰轰作响的战车，以至于很多人把渡河的舟楫当作了彼岸，也让师生背负了沉重的负担，不把孩子折磨成一个世俗附身的行尸走肉誓不罢休。"我拿青春赌一个迷茫的明天"。有报道说，孩子一听说上学就装病逃学，考试一结束就撕书发泄心中郁结已久的怨恨，甚至，有笑话说，孩子生病了怕打针，爸爸妈妈就吓唬孩子说"老师来了""校长来了"，孩子吓得乖乖打针。2012年高考前，湖北某市第一高级中学惊现"吊瓶高考预备班"。图片上，教室灯火通明，每张课桌上都堆满了书，教室半空拉上了铁丝，挂着许多吊瓶，不少学生正一边学习一边打吊瓶。图片给人以强烈的视觉冲击，带有深刻的隐喻意味：是学生病了吗？不是！是整个中国教育生病了！于是，孩子怕老师，怕教室。去教室，成了孩子的噩梦，战战兢兢，"步步留心，时时在意，不肯轻易多说一句话，多行一步路，唯恐被人耻笑了去"；离开教室，成了孩子最开心的事情，如同飞出笼子的鸟儿般，呼吸自由的空气，振翅而飞。有多少孩子，在学校里，在教室里，他们失语了，失笑了，压根就已经不敢说，不会说，不敢笑，不会笑。成天面对着白纸黑字，脸上写满凝重与老成，眼睛里只有公式字母。君不见，无边习题萧萧下，不尽长江滚滚来；君不见，枯燥乏味的耳提面命"我不想听还不得不听";君不见,步步惊心的考试触动着多少个家庭敏感的神经。只有离开了教室,他们才敢放开嗓门,大声说笑,重新做回自己。

如此,放学后还留恋教室的,简直就是奇迹了。

但愿,这样的奇迹不再是奇迹,而是一种常态。

20多年前,美国面向小学生征集最聪明的一句话。其中有一句是这样的:"我的手很小,请不要往上放太多的东西。"值得学生留恋的教室,就是它没有"太多的东西"令学生不堪重负而仓皇出逃。

夸美纽斯想创建的班级是一个"富有欢乐与吸引力的宇舍"。我希望,我们的教室,有孩子留恋的理由。在这里,孩子的内在生命能冲破禁区,挣断桎梏去做一次次创新旅行;在这里,教者能停住呵斥的教棒,收住规训的社论体言辞,让孩子们尽情地唱,驰骋地想,怡然前行;在这里,孩子可以通过窗户放飞自己的心灵,对湛蓝的天空有着无限的憧憬;在这里,孩子的时间,不是被功课表填满,没有人逼迫他赶考,没有老师和家长联合起来在功课上夹攻,他可以学一点他自己渴望要学的学问,干一点他自己高兴干的事情。

第二辑

在教育细节中修行

老子曾说:"天下难事,必作于易;天下大事,必作于细。"汪中求先生在《细节决定成败》一书中说:"芸芸众生能做大事的实在太少,多数人的多数情况总还只能做一些具体的事、琐碎的事、单调的事,也许过于平淡,也许鸡毛蒜皮,但这就是工作,是生活,是成就大事的不可缺少的基础。"教育要注意细节,不至于因一个疏忽而因小失大,留下遗憾;课堂教学要注意细节,学生的一颦一蹙,老师都要仔细观察,从反馈中适时调整课堂教学计划,以取得最好的课堂效果;批改作业时注意细节,学生作业中所反映的学生学习情况、心理状态,从某种程度上说正反映了学生心理的发展态势,学生学习的挫折、情感问题都是可以及时捕捉的,而且这往往只能在细节中体察;与家长交流时注意细节,彼此信任,才会使家校之间达成默契与愉快,形成教育合力;同事之间相处注意细节,方能营造一个和谐、宽松、愉悦、积极、向上的人际氛围。

把课上好，就是最好的师德

谈及"师德"二字，人们往往首先想到"爱"字，似乎只要带着"奉献""牺牲"去爱教育爱学生，一切教育问题都可以迎刃而解。

这是一种天真的想法。

天下最爱孩子的莫过于父母，但《触龙说赵太后》中就有一句经典的话："父母之爱子，则为之计深远。"老师"爱学生"与父母"爱子女"不尽相同，但共同的目的都是为了真正促进学生成长，教学生学到真本事才是教师"真正的爱"；否则，光嘴上喊"爱学生"，天天把学生"抱在手里怕摔了，含在嘴里怕化了"，却爱得无力，爱得苍白，爱得有害，就需要反躬自省——

拿什么去爱你，我的学生？

这里，我们有必要重温一下毛泽东同志在《纪念白求恩》中的一段话：

白求恩同志是个医生，他以医疗为职业，对技术精益求精；在整个八路军医务系统中，他的医术是很高明的。这对于一班见异思迁的人，对于一班鄙薄技术工作以为不足道、以为无出路的人，也是一个极好的教训。

白求恩同志的"共产主义精神""国际主义精神"的基础是他"医术很高明"。2015年8月28日主流媒体"人民网"上登载一篇文章题为《92岁老兵忆白求恩：医术高明 但脾气也大》。文中92岁老兵说道："白大夫医术高明，但脾气也大，无论伤员官职大小，只要是他负责诊治的，都要听他的话，不然就要发脾气，白大夫发起脾气来特别凶，大家都怕他。但大家也都很尊重他。"

对于一个医生而言，最大的医德是能治病救人，而不是"脾气很好""尊重领导"；对于一个教师而言，最大的师德是能上好课。

上好课，并不意味着只是一个"技术工作"。任何一门学科，在教学时同时也是一种教育。别的学科我不懂，不敢妄加评论，至少语文学科我是知道一点的。所谓情感态度价值观，本身就是与语言文字融为一体、不可分割的。

教材中，那些气贯长虹的诗词文赋，烛照心灵，荡涤精神，读来热血沸腾，慷慨激昂，就像童年时代看电影《铁道游击队》《洪湖赤卫队》《鸡毛信》一样，黑白的屏幕，镌刻下的却是五彩缤纷的记忆，从来也不需要想起，永远也不会忘记。我虽然已过不惑之年，但心中依然拥有英雄情结，也更能理解曹操"老骥伏枥，志在千里；烈士暮年，壮心不已"的感慨。当下，有些男学生少了一份阳刚之气，一举一动，一言一行，像女孩子一样弱柳扶风，读这些文字，心中自然才会激荡起"男孩要像个男孩"的铮铮铁汉般的英雄气概。

我们教学生读《论语》，开篇几则"圣人之言"："子曰：学而时习之，不亦说乎？有朋自远方来，不亦乐乎？人不知而不愠，不亦君子乎？"不仅是对着学生吼"你们要掌握学习方法"，更是在潜移默化中教导学生"切己"：学习是快乐的，是知行合一的，是要向别人学、向远方学、向志同道合者学、向不如自己者学的。

教材文章中的那一份份亲情，也足以令人泪眼婆娑；语言文字，有时就是蕴藏着无穷神奇的魔力，一下子就把我代入文中，似乎我就是课文中的你、我、他，与文中的人物同呼吸，共命运，真是休戚与共，感同身受。教学《我的叔叔于勒》，文中的"母亲"，或许那么不崇高，不伟大，不正确，心胸狭隘，格局小，但是，当我们读了文字之后，便会多一份体贴：自己在奋斗中挣扎的父母，那种酸楚更与谁人诉说？教学《散步》时，作者与妻儿伴着老母一起散步的场景，何尝不是一幅温馨温暖的人间朴素而又至纯的审美画面?教学《囚绿记》,学生读到了作者因爱而想"占有"那一株绿,最终导致绿的凋零的悲剧,在解读过程中,逐渐抵达文本深处:爱一个人,爱一个东西,更好地呵护不是据为己有,而是为爱放一条生路。教学《皇帝的新装》,学生读到了——每一个人的内心深处,不仅住着一个貌似强大实则无能的"皇帝",声厉内荏,装模作样,还住着一个老于世故的"大人",而"孩子"的"我",却与我是分离的,渐行渐远。

语文教学,就是这样与"真善美"水乳交融的。(从这个意义上说,我并不赞成语文教学把"工具性"与"人文性"对立起来看。)

某些教育学者,总喜欢拿着放大镜在课堂上寻找缺乏"教育意义"的细枝末节,煞有介事地告诫我们老师"此处可以对学生进行思想教育",要"时刻关注学生精神成长"云云,似乎"教育意义"可以独立于"教学情境"而存在,或者是附着在内容之外,其实是无聊之举。就我个人的体会,在平常上课时,不可能像公开课那样"单纯地"完成语文"学科教学任务",根本不可能忽略教育之义(其实,所谓好课,这些因素自然包括在内)。比如,上课有学生开小差了需要提醒,学习习惯不好了需要及时帮助,认识上有偏颇了需要纠正,同时,也要时刻提醒自己,在学生面前的角色是教师,哪怕自己遭遇不公、心情不好,也不能放纵自己,传递给学生的一定是满满的正能量。语文老师就是一个高明的牧羊人,把学生带到水草丰盛的地方,然后守护着合适的边界,不至于让学生在自由寻觅的时候或迷路不返,或歧途徘徊,或面临险境。

语文老师就是这样"教育"学生的。这,难道不是"师德"吗?

教育与教学,乃是一个镜子的两面,根本不可能分开。从来就没有离开教学的教育,也没有离开教育的教学。所有的教学,都是教育。

"学校教育的目的是要充分激发学生的潜能,让他们为未来的生活做准备,但潜能的激发需要知识作铺垫,只有优质的课堂教学才可以实施系统的、高效能的知识传授,否则学生很难通过自己的努力快速达到自己所能达到的发展高度。"(刘萍:《教师的最大师德是把课上好》,《中国青年报》2018年8月20日第10版)

可叹的是，我们常常感动于教师的奉献、隐忍、牺牲，却少有人关注课堂的"少慢差费"。如果工作一年，然后重复若干年，在这种情形下，让我谈什么"师德"，至少我会觉得没有底气。有些事情，不是"师德"二字所能扛得住的。

对学生而言，老师上好课才是最大的师德。

"为落后学生准备低水平的问题！这就是教学"

"为落后学生准备低水平的问题！这就是教学。"这是吴非先生在江苏靖江举行的"首届苏派语文教育论坛"上讲的一句话。先生的话虽然只是一带而过，却在我头脑中留下了极深的印象。

首先让我们来回放一下课堂上的常见情形。老师提出问题后，就开始等待学生的回答。这是一个令老师爱恨两茫茫的过程。我们会看到两种情形：一是有学生立即举手，所谓"小手直举，小脸通红"，一见小手如雨后春笋，老师脸上便灿若桃花，"微笑默叹以为然"，口中念念有词"好，真好，你真棒"。学生的精彩发言甚至还会获得听课老师的掌声，课后也会获得好评如潮，美其名曰：师生互动效果好，教师提出的问题有质量。另一种令人沮丧的情形是，随着时间分分秒秒地过去，面对老师提出的问题，学生就是毫无反应，老师使出浑身解数启发点拨，循循善诱，学生就是"任尔东南西北风，我自岿然不动"，低下头来，避免与老师目光相遇，以沉默来回报老师，"教室里静得可怕"。很多老师在课后都会描述当时的纠结尴尬，潜台词就是"不是我的问题设计得不好，而是这个班学生发言不积极"等。

问题出在哪儿？与教师的问题设计有很大关系。在备课，尤其是备公开课的时候，我们时常会想到，"要提出几个有质量的问题"，以便课堂上能够出彩。所谓有质量，一般关乎"文本解读的深度、广度"；所谓出彩，则与"学生回答的独到见解以及表达的流畅"等因素关联。然而，毕竟只有班级中学习佼佼者才能为老师上课"支撑面子"，大多数学生或学习困难者则只好"望洋兴叹"了。倘若一位老师在课堂上提出了一个非常简单的问题，那么又是怎样的结果呢？我想很多老师都会感同身受的，那就是，在评课的时候，等着专家学者同行们"一一指出其中的问题"——"文本解读不到位""问题缺少启发性"等，总而言之，这个问题"没有价值"。

我想到自己一次在外校借班上公开课时发生的一幕。一个问题下去，我按顺序请学生回答，结果坐在教室最角落的一个学生站起来一言不发，看也不看我一眼。就在这时，坐在后面听课的他的语文老师按捺不住地站起来悄悄告诉我，这是个"差生"，不要管他了。每每上公开课，我都会想起这件事来。

我们知道，一个班级里五六十个学生，只要是自然组成的，水平便会参差不齐，有时班级里优秀生甚至可以做落后学生的老师。这是我国国情所致，班级授课制的必然产物，我们无法回避。但是，什么是教学？且不管专家学者们有多少种高屋建瓴的说法，教学理论著作中有多少种言之凿凿的诠释，我们上课还要充分考虑到每一个学生存在的意义和尊严。如果老师准备的都是"有价值的问题""深奥的问题"，其教学意识指向的并不是所有学生，而是班级里的少数精英学生。照这样的标准，也只有精英学生才能助老师出彩，他们侃侃而谈，指点江山，激扬文字，尽情展示，赢得阵阵掌声；而另一部分落后学生则只好在少数学生的狂欢中沦为看客或被动接受别人的观点。因为这些所谓的"有价值的问题"对于落后学生而言，往往就是天方夜谭，根本就插不上只言片语。如果老师上课总是以"有价值的问题"来与少许优秀生"精彩对话"，那其他学生便逐渐丧失言说的权利，丧失表达的欲望和能力。如此，我们还要谴责学生"启而不发""榆木疙瘩"，那实在是教师自己的问题。如果再故意用一些学困生根本无法回答的问题来刁难学生、惩罚学生，令学生无地自容，这就是教学伦理上的问题，另当别论。

什么是有价值的问题？适合学生的就是有价值的问题。问题未必要一致，答案未必要同一，过程未必要顺利，让更多的人能够在课堂上感受到生命气息，有尊严地在学习，这便是有价值的教学。

我们不否认公开课的价值，的确有很多优秀老师就是在公开课的打磨中成长和发展起来的。但是，我们不能忘了教学的根本目的是为学生，而不是为听课者。我们不能忽略的一个基本常识是，课堂上发生的问题，只有任教老师自己和学生才知道，别人其实都难以理解。比如，一个教学问题，在专家或其他老师看来是多么低幼，但执教者提出的这个"低水平问题"，就是为了照顾班级中某位落后学生而准备的，因为他的老师知道，这个孩子的基础如何，能力如何，他也许会因为能回答这个"低水平"问题而重拾自信，于教学而言善莫大焉。这才是真正的教学。

在设计有价值的问题时，我们应因人而异，既要为学优生准备具有思维挑战的问题，给他们发挥的舞台，也要降低要求，放下身段，留一些时间和空间为那些学习中的弱势群体准备一些"低水平"的问题——可能他读书生涯中，就只有那么一次或几次回答问题的机会。

课堂要有生命关怀，要对每一个学生负责，这些话，我们都耳熟能详，可在实际行动中实在是知易行难。

"我的作文也有闪光点"

一节语文课上,老师先让学生写了一篇短文,然后分发了一则材料,上面是一位名家写的同题文章,让学生把自己的习作与名家的文章进行对比,找找自己与大师文章的差距。果然,有的同学说,自己的语言没有作家的美;有的说自己文章中没有拟人、比喻等修辞手法的运用,因而文章语言不生动;还有的说,文章中没有自己的思想感受,文章缺乏理性思考……

这个教学环节中,老师没有通过"写作知识"来让学生对照"理论术语"进行自我反思,而是很巧妙地让学生通过与名家作品的比较发现自己在写作方面的不足,激发了学生"见贤思齐"的愿望,效果是不言自明的,想必许多老师都曾有过类似的经验。

倘若仅仅局限于此,那么这样的做法就只是稀松平常的一般操作了。可喜的是,教者并没有就此作罢,而是抓住这个良好的契机,启发学生在反思后,自己动手进行有的放矢的修改。学生在名家作品的比照下,针对自己文章中存在的问题,都很乐意地拿起红笔修改起来。一段时间后,老师选取了几位学生的有代表性的习作修改稿,用实物投影展示给全班同学,请大家点评。学生在这个实践中,不仅明白了怎样改,更重要的是懂得了为什么要这样改。学生的作文就是身边鲜活的素材,而不是老师有意从哪里找来的一篇"文章病例",这样做具有真实性和现场感。作文的修改历来是语文老师头疼的问题,往往是老师越俎代庖,效果却不尽如人意,学生作文中的问题依然如故。尽管老师可以通过具体的案例列举出诸如"成分残缺""搭配不当""语言干瘪"的原因,但这些例子往往都是"从别处拿来","痛在别人身上",学生也未必就认为自己会发生这样那样的错误,置身事外,感受缺乏真切,内心难以触动,不像这样更有针对性地让学生学会自己修改文章。有个现象估计大家并不陌生:老师在举别的同学的例子时,同学会当笑话看,却忘记了自己的作文说不定也是"百病缠身"。语文教育的泰斗张志公、叶圣陶都指出,应当让学生养成自己修改作文的习惯,而这样良好的习惯的养成绝非一日之功,需要老师的点拨和学生的亲身实践。看得出,上这堂课的老师是深谙此道的。

更令我欣赏的还不止于此。教者在处理好这个环节后,还没有善罢甘休,而是紧接着追问道:"我们看到了自己与名家的差距,很好。但是,我相信我们同学的文章中一定会有自己认为精彩甚至是超过名家的地方。大家再找一找,马上请同学来说说自己的闪光点!"

一石激起千层浪。学生们闻听此言,眼睛发亮,面露自豪,纷纷拿起自己的文章,找自己的最亮点,激动之情溢于言表。我注意到老师走到一位同学旁边:

生:(怯生生地)我的作文好像没什么闪光点。

师:(拿过男生的本子看了看,用笔在一个句子上画了一条波浪线)你看这个句子不是写得挺好的嘛!

生:嗯,我读读看。

有学生举手。我甚至感觉自己也被当时的气氛感染了,或者说带着感动在听学生说自己的闪光点。有一位同学的发言在我记忆中留下了深刻印象:"我经过修改,发现与作家的文章还是不能相提并论。但是,我觉得自己很不错,因为跟自己以前的作文相比有了新的认识和进步。我要做一个最好的自己,这就是我的闪光点!"

坦率地说,我没有听到学生的作文中的"闪光点"是多么的光彩熠熠,有的简直就是"朴实无华",但我还是不禁为这一教学环节暗暗叫好!太高明了。学生的习作,整篇不完美,也许有一个段落值得称赞;没有一个段落完美,也许有一个句子值得肯定;没有一个句子完美,也许有一个词语用得精彩；没有一个词语精彩，也许"跟自己以前的作文相比有了新的认识和进步"。这些，都是弥足珍贵的闪光点！就正如那位同学的发言："我要做一个最好的自己，这就是我的闪光点！"长期以来，我们总是习惯于让学生学会纠错，改病句，改标点符号，改错别字，似乎自己的作文本来就是千疮百孔，每次作文发下来，作文本总是被老师的红笔改得"鲜血淋漓"，面目全非，学生早就认为自己的作文一无是处。久而久之，学生在名作面前只有崇拜，只有自叹不如，奉大家名流为神明，迷信权威，迷失自我，失去了赶超的勇气，学生"我不如人"的自卑心态潜滋暗长。谈起作文，没有人敢说"我的作文好"，这已经不是谦虚，而是骨子里的不自信。就这样，我们还要责怪学生"不会写作文"，"不会改作文"，"没有兴趣写作文"。

不知从什么时候开始，我们喜欢以"优秀作文"的标准来衡量所有学生的文章，学生的书包里肯定都藏有《满分作文秘笈》《最佳作文宝典》之类的参考，动辄要求学生作文做到"语言优美""题材新颖""见解深刻""构思精巧"，学生作文中露出的点点星光却被这些难以企及的高标准所遮蔽，总是感受不到"我在进步，我在成长"。殊不知，这些从无数经典名作中归纳出来的标准，已经不是一般的学生作文要求，过分的拔高，令更多的学生对写好文章失去信心，对作文望而生畏，导致学生原有的一点点写作兴趣也被消磨殆尽，一次次的挫败感自然会造成学生"怕"作文。不恰当的评价标准又误导学生视浮华堆砌为博学，以东拉西扯为能力。于是，有些教师常常被满纸眼花缭乱的"精言妙语"扰乱了视线，迷乱了方寸，抒写几句似懂非懂的词句已然陶醉，引用一堆古诗文便拍案叫绝起来！学生作文以"堆砌的华丽辞藻，组队的名言警句，组团的屈原李白"为能事，其实是八股文风的新包装，已经背离了语文课程标准中对学生作文的要求。对大多数学生而言，能够准确理解和运用祖国的语言文字就是"达标"，尤其是落后同学能做到"文从字顺"就是"合格"。写一篇文质兼美的作文固然令人欣赏，但也不是所有人一辈子都离不开写文章。中小学作文教学不是以培养作家为目的的，即使有个别的同学能在这方面"小荷才露尖尖角"，但语文老师只能引导激励，而不能贪他人之功为己有，真正的好文章不是老师教出来的（不少老师自己的作文尚且不如学生,这不是危言耸听),乃是学生自己厚积薄发使然。

  是行云流水般的教学过程?是设计巧妙的螺旋上升的训练方式?是培养学生的自信心的点睛之笔?或许,这节课留给我们的思考远不止这些。

把参考当参考

有几次,我在听课的时候发现,老师提出问题后,总有少数学生站起来侃侃而谈,回答问题滴水不漏,答案总有种似曾相识之感。刚开始时,我非常敬佩这些学生,甚至向这个班的老师表达了羡慕之情:你们班的学生语文素养真好啊!后来有一次,我听课的时候坐在一个学生旁边,看到他上课时也屡屡发言,并且回答问题的质量令我吃惊,我忍不住看了一下,原来这位同学课前进行了相当充分的预习,课本的字里行间做了密密麻麻的"笔记",几乎囊括了老师上课所要提出的问题。

还有一次,学生写作文《我的老师》时,一位同学在作文中就写道:"我的一位小学老师,上课时总喜欢夹着一本厚厚的参考书来,然后就照着上面给我们读。"

这些现象至少有两点值得我们注意:一是老师是否能鉴别出哪些"声音"不是学生自己的,二是老师的备课是不是自己的。

我一向不反对学生使用参考书,比如,有学生在课前借助参考书了解一些作者生平、写作背景,疏通一下文言文的词语句子,查一查不熟悉的字词音义,等等,这都是好事,甚至,有时在课前把这些事情做好了,课堂45分钟就能更有效地集中精力和时间突破难点和重点。然而,目前有些参考书的编写良莠不齐,我也曾碍于各种因素参与编写过一些"参考书",尽管这些书被冠以"宝典""全解"之类的名词,但我心知肚明,这些参考书是如何生产出来又如何到达学生手中的。因而,我总是提醒学生,对参考书要有正确的态度和使用方法。比如，我要求学生上课的时候，不能用参考书，因为有学生上课拿着参考书来回答老师的提问，这样的答案就不是自己思考所得，而是转述贩卖别人的观点。长此以往，必将形成不良的学习习惯。当学生的答案与课本、其他的参考书、老师的说法不同的时候，我都会认真比照几种说法，然后帮学生选择一个比较合理的。也有学生拿参考书的观点来跟我争论，这一点，我觉得很有意思。我很乐意"观点交锋"。也有学生问我："如果考试时出现这样的情况怎么办？"我说："那就以课本为准，以老师讲的为准，最后，才可以选择别的观点。"

上述写作文的那位同学虽然没有用"照本宣科"来形容那位老师，但在日常教学中是不是也会有"夹着一本厚厚的参考书"去给学生念一遍的现象呢？如果有，则是非常可怕的事情。甚至，学校检查备课笔记，仅仅是以"课时数"为标准的话，那么，又有多少老师甘当"认真抄写备课笔记"的搬运工和操作工，而不是"精心备课"，形成了"学生记老师的话，老师抄教案上的话"的恶性循环，既然这样，干脆不要上课了，直接给每个学生发一本参考书更加简单。可怕的是，教师如果奉"参考"为神明真理，不敢越雷池一步，亦步亦趋，不仅自己的思考受到限制，而且也会扼杀学生的创见。这种情形往往发生在考试批改试卷中，一旦有多种解释，教师们之间各执己见，而不是依据学理，就会产生种种怪事。比如，《送东阳马生序》中的"既加冠"中的"既"字，在配套教参中解释为"已经"，即"已经成年"；而类似的《桃花源记》中"既出"的"既"，教参中则注明"既：副词，已经，以后"；《曹刿论战》中，"既克"，教参中的翻译是"打了胜仗以后"；《赵普》中"既薨"是"死了以后"。可见，这个"既"的解释，两者都是可以的。如果老师固执一端，就会误导学生。其实，这个词在现代汉语中也多用，如"既然"，就是"这样以后"的意思。

可见，参考其实就是参考。《现代汉语词典》中关于"参考"的义项有三个：（1）为了学习或研究而查阅有关资料；（2）利用有关材料帮助了解情况；（3）同"参看"。从这三个义项可以看出，所谓参考，就是多了解一些情况而已，但绝非视之为"标准"。在教育教学工作起步阶段，理应多些参考，毕竟经验匮乏，模仿是一个必要的阶段。但是，经验不是靠抄写教案得来的，随着时间的推移，参考就应逐步让位于独立思考，要更多地融入自己的创见，这样，教育教学的生命之树才会常青。显然，抄一辈子教案的人，也许做得很轻松，但是说了一辈子别人说的话，自己就不知道在哪儿了。于漪老师总是谦虚地说自己"一辈子学做教师"，对于我们这些自诩为"经验丰富"的人而言，不是当头棒喝吗？如果一个教师仅仅满足于获得经验而不对经验进行深入的思考，那么，即使是有"20年的教学经验，也许只是一年工作的20次重复；除非……善于从经验反思中吸取教益，否则就不可能有什么改进"。他可能永远只能停留在一个新手型教师的水准上。叶澜教授说：一个教师写一辈子教案难以成为名师，但如果写三年反思则有可能成为名师。叶澜教授这里讲的是"反思"的重要性。其实，每一次精心解读文本、设计教学，从"乱花渐欲迷人眼"的海量参考到"柳暗花明又一村"的幡然顿悟，何尝不是一次次不可或缺的反思呢？

不要把"假公开课"与"真公开课"混为一谈

参加一个教学研讨活动。一位小学语文老师上台义正辞严地说:"我讨厌公开课,我觉得公开课都是假的,所以我不上公开课。"并举例说,学校有一次安排她上公开课,没想到,19个班级,她试上了18次,自己都觉得讨厌。

此语一出,台下不少拥趸者群情激奋,掌声雷动,公开课俨然成了众矢之的。

对于公开课,学界历来各持己见,褒贬不一,争讼不断。反对者认为,公开课作假,不顾学情,只是教师个人的表演等。支持者认为,公开课有利于提升教师的专业素养,传播教育教学思想等,不一而足。这里不赘述。

反对者的声音不无道理。我听过几个极端的例子,可作为反面教材。

刚刚入职时,听一位老师介绍经验。她说,自己最成功的一节公开课,有一个细节铭刻在心,"当下课铃响时,我正好说完最后一句话"。我清楚地记得,这位老师在讲述这个情形时,脸上溢满得意与自豪,而我当时也非常惊讶,竟然能把时间掐得如此之准,水平相当了得。

有一位老师则介绍,公开课如何制造"举手如林"的假象,就是让学生上课都举手,不会的举左手,会的举右手,这样老师就知道该请哪位小朋友发言。

听教育专家任小艾老师讲过一个故事。有一次,一个小学校举行公开课,是一年级的小学生。上课讲到了水果的分类,老师让孩子们说说都有什么水果。有学生站起来了，说有苹果，老师在黑板上写上苹果；学生说有西瓜，老师写上西瓜；学生说有桔子……各种各样都说了好多，一会儿就没人举手了。这位老师还说："爸爸妈妈经常给你们买水果吃，难道就这些吗？还有呀，你们再想一想。"因为他的笔记里面还有呢，必须得对着教案说完呀。这时没人举手，他就皱着眉头。坐在角落里有一个男同学，低低地举着手，半举不举。他看了一眼，装没看见。可是听课的老师看见了，很多老师在那听课呢，坐了半班，后面老师就说："这有一个举手的。"那个讲课的老师很不情愿地说："那你说说吧。"这个孩子站起来说了一句："报告老师，回答香蕉的同学今天请假没来。"（全场大笑）

一个真实的谎言被一个纯真的孩子给捅破了，让人想到了《皇帝的新装》。虽然这种事情有点太过分，但在现实中，这种公开课，做假的课，表演的课，的确是我们经常听到或看到的。

我们教学不能教孩子做假，而应启发孩子求知的欲望和兴趣。现实中的公开课的确存在种种令人诟病的地方，比如像开头老师所说的"18次"的磨课。但这不是公开课本身的问题，而是好经被念歪了。我们可以在实践中不断地改善，力图呈现真善美的东西，让听者观者有所增益，不能因为它有不足而"将婴儿连同洗澡水一起倒掉"。也不能因为自己试上了18次，就以己度人，认为天下的公开课都是如此不堪。

——天地良心，扪心自问，我就没有这样做过。

我还是支持公开课的。

请注意，我是支持真正的公开课，而不是那种要"试上18次的"假公开课！

从公开课上，可以学习到很多东西，无论是教育教学还是思想、技巧等，这一点，无需否认，我认为学习公开课的要义，首先是为了把每一节课上好。课堂是学生学习的重要阵地，一个老师的价值体现，很大程度上就在于自己的课能否上好。我倒是见过很多老师，因为无法"站立课堂"而转岗做其他工作，很少听说课上得好的老师改做其他工作的，转为行政或教研员则另当别论。在我看来，一个老师，上课一塌糊涂，其他活动搞得再多再好，也不能算是合格的老师。人们常说教师是"站立讲台"的人，大抵应该包括这样的意思。我对时下有些人对"课堂教学"不屑一顾，而以"课程建设"的名义搞一些活动就自以为是"真教育"的说法，持谨慎态度。教师人行，往往也需要经过课堂考核，形式基本上是通过观课来予以考量。

课堂教学很重要，然而，没有人天生就会上课，这需要教师不断学习、不断修炼。从哪儿学？除了极个别特殊的无师自通者，大多数老师当然是从别人的公开课尤其是名师的课堂上学。可以是现场学习，也可以通过录像学习，还可以通过文本资料学习。总而言之，从同行、名师的课堂上学习如何上好课，这是教师专业发展的一般规律。

我所了解的名师，往往是从读他们著述的文章慢慢地走近他们的。读多了以后，我常常会萌生出一个念头，这些老师的文章写得不错，他们的课是不是真的具有如此神奇的魅力呢？于是，我就有意识地关注他们的课，只要有机会，我都要到现场去感受一番，以验证他们的"想法"是如何变成"做法"再变成"说法"的。我从钱梦龙、于漪、黄厚江、余映潮、王君、肖培东等中学语文名师的课堂上学习到了很多，我时常感慨，语文课这样上，真是令人享受的艺术。他们是这样说的，也是这样做的，这正是令人景仰的地方，而不像一些躲在象牙塔里的大学教授喜欢从理论到理论，只会要你"转变观念"，至于如何做，要么"王顾左右而言他"，要么语焉不详，"你自己去摸索"。也有大学教授亲自到中小学下水上公开课，却往往捉襟见肘，茶壶里有水倒不出，令人失望，足见理论再好，尚需接地气。不在中小学一线课堂的专家学者，讲起来头头是道，一旦落到课堂上，就不是那么简单了，所谓知易行难是也。站立课堂的名师，其教学思想，课堂教学的艺术，文本解读的能力，都令我击节三叹，陶醉其中，咀嚼玩味，遂产生见贤思齐之念。有时，我也模仿他们的一个设计，或者一个片段，或者一个主问题的设计，上出一节节满意的课，果然觉得非同一般，有脱胎换骨之感。

一节课，教师有快乐，学生有收获，观者有借鉴，何乐而不为？莫非要把自己的课上得味同嚼蜡，还要自诩"回归自然"，才是教学吗？

名师们大都有过在公开课上"出生入死"的历练，这都可以从他们的著作中读到，我这里不引述。我自己也有过很多上公开课的成功与失败的经历。在我看来，那些失败的教训，更值得反思。我在好多地方的讲座中，都提及自己一些失败的公开课情形，比如，赶时髦用多媒体、课堂教学拓展延伸的无边界、让学生上课笑了哭了……都是我以前想当然的公开课的招数。所幸的是，我的这些自以为是的小伎俩，都及时被专家、同事"当头棒喝"，让我幡然醒悟。如今想来，如果没有当初专家的当头棒喝，也许，我还一直处于自我感觉良好的境地，执迷不悟，不能自拔。

公开课也是锤炼自己教育基本功的一个不可或缺的路径。有好几次，我上完公开课，就把自己公开课的录像拿过来偷偷反复看。真是不看不知道，一看吓一跳，动作表情过于夸张，有时来不及给学生思考余地就追着学生"快说"，喜欢站在教室一侧，等等。我发现，原来自己的课上有那么多的不足有待改进。固然可以自我安慰，课堂是充满遗憾的艺术，但这些在公开课上发现的问题，确实让我警醒，并在日常教学中引起注意，至少让我不犯或少犯一些低级错误。完美的课堂，虽不能至，心向往之，也算是一种自我提升。

可以说，无论是我自己上公开课，还是观摩他人的公开课，我感觉都是受益匪浅的。在执教公开课的过程中，认真思考，精心设计，如切如磋，如琢如磨，多想想"我想把学生带到哪里去，怎样才能把学生带到那里去"，对教学是大有裨益的。如果总是囿于自己的小天地自娱自乐，则会故步自封，抱残守缺。

如果公开课迎合世俗，锣鼓喧天，鞭炮齐鸣，红旗招展，人山人海，用种种非专业性的热闹去娱人耳目，忽悠大众，哗众取宠，招摇过市，一定会吸引不少眼球，博得阵阵娱乐性的喝彩。类似的假公开课，需要旗帜鲜明地反对，但不是所有的公开课都是假的。

公开课上的李鬼还是李逵，是有区别的，不必把公开课一棍子打死。

不要关广播

好几次，下课铃声响了，坐在前排的同学立即反应过来，很主动地去"啪"的一声，关掉广播。

我理解同学们的心情，也许，他们觉得应该关掉广播，让我把话说完，或者把没有讲完的东西继续讲下去。

然而，我总是说，不要关广播。然后，立即下课。

后来，同学们在上语文课的时候，只要下课铃响起，就等待我宣布下课。

我承认，我没有那么伟大，没有上得让学生忘记了下课时间，没有让多少学生沉醉其间意犹未尽，还哭着喊着"老师，你继续讲吧，我们不想下课"。

其实，我这样做，并没有多少大的道理。下课，本来就是要给学生休息的时间。一节课下来，再认真再投入的学生都有疲劳之感。成年人尚且如此啊。

关广播，就习惯性地以为老师要拖课了。这，是我竭力反对的，自己更是不能像电筒一样，只照别人不照自己。有老师提醒我：何必那么认真，有领导干部不也是这样吗，嘴上喊要坚守"常规"，行动上却自己带头破坏？我说，别人我管不了，我管好自己就行了。

拖课，从大的方面说，影响了学生的身心健康；从小的方面说，是违反教育教学常规。

一切，在学生的身心健康面前都黯然失色。

我想起，曾经有一位同学的家长，他来拜访我的时候，有一句话让我很感慨：孩子学习很累的，如果负担重了，就请老师多理解一些，宽松一些。

我没想到家长会这样说，现在，这样的家长很少了。

所以，有不少学生，我看他们在学习上已经尽力了，就会提醒他们：适当放松一下吧，别把弦绷得太紧了。

学生之所以会主动去关广播，背后折射出的是老师的行为。倘若没有老师的明示或暗示，学生怎么会养成这样的习惯？

老师这样做，当然其目的是出于好心，想多利用些时间，为学生提供更多的服务。

然而，在我们的教育教学实践中，有多少事情都是老师以好心的名义而伤害了学生，甚至，伤害了老师自己。

记得我读初中的时候，有一位我很尊敬的校长，他教化学。也许是因为公务繁忙的缘故，他经常会调课。可是，他一补起课来，就昏天暗地，常常是上午的第四节课开始，一直拖课到12点钟。可怜的是我们这些学生，饥肠辘辘，身心俱疲，却又无可奈何。我们自然明白老师的好心，可是，再好的心，也抵挡不住饥饿的折磨。于是，每逢他来上课，我们就只好哀叹命苦了。客观地说，他是一心为学生着想的，要不然，也犯不着自己不及时吃饭休息，而且，他的课也的确上得不错，颇受学生喜爱。然而，我们在上课的时候，还是感到难受。

没有什么非得现在就完成的事情。

闲暇出智慧。学习是个慢过程，我不提倡分秒必争。

所以，我奉劝老师们，该下课时就下课吧。

教育不仅是解题

陶西平在一个讲座中讲过一个故事：

过去在北京四中读高中的时候，初中部有一位数学老师，课教得非常不好，学生要求换掉他，最后在家长强烈的要求之下，他被调离了数学教育的岗位。这位数学老师就是陈景润先生。陈景润先生是一位伟大的数学家，但是他是一个不合格的初中数学老师，什么原因？数学老师还要具备其他的那些能力，陈景润没有，所以他并不是优秀的数学老师。

这就说明，这是两个专业，教师是一个专业群体，除了有其学科知识之外，还有其他一系列的知识和能力。

显然这告诉人们一个事实，做一名合格的教师，不仅是个人的知识水平问题，还有一个教育教学的能力问题。

其实，这种现象在日常生活中并不少见。

我见过很多家长，他们的知识水平并不低，有的远远高于孩子的老师，但是，他们的孩子在学习上也同样会出现问题。有时，在与这些家长交流的时候，他们也会觉得不可思议，因为他们在家里不可谓不重视辅导孩子，尤其在解题上，更有得天独厚的优势。也经常有家长出于关心孩子的学习问题，向我咨询一些题目的解法、作文的写作技巧等，我总是告诉他，孩子学习上的细节问题，让孩子自己来找老师，家长不要做二传手。但孩子还是不行，我想，这就是因为父母拥有一定的知识水平，不代表拥有一定的教育水平。

我们也有不少老师，个人学养不错，但在教育教学中却常常力不从心。所以，教师的知识水平是基础，不可或缺，但教师的素养不能狭隘地理解为自己会解题就能当老师，更重要的是教学生学会学习。

在当下，其实要求是更高的，教学生学会学习还不够，还要将这个过程做得有意义，有价值，有艺术，把教育教学的过程当成是一条流淌着生命的河流。这条河流，清澈，澄明，灵动，荡涤师生的心灵；这条河流，孕育着两岸河边的美景，招引着他们，呼唤着他们，吸引着他们，向着自己的目标，且流且笑；这条河流，无论是溪水潺潺，还是惊涛拍岸，都引领着师生奔向前方，生生不息；这条河流，常常还是浪花四溅的，是师生情感的碰撞，思维的激荡；这条河流，是长长的，需要师生一起来互相润泽对方，携手并肩。这个流淌的过程中，师生把有缘结识并在河流上款款而行的过程，当成是生命中值得珍藏的一段如花岁月。泰戈尔说过："不是槌的打击，乃是水的载歌载舞，使鹅卵石臻于完美。"教师是水，是水在荡漾的过程中让鹅卵石日臻完美；教师是船工、摆渡者，帮助学生载着梦想起航。如此，教育的意蕴才能真正体现。

孔子说："温故而知新，可以为师矣。"温习已学的知识，并且由此获得新的领悟，具有这样的能力的人，应该说才能当老师。仅做到吸收古今知识而未有领悟心得，只像是知识的买卖者，不足以为师。

从陈景润的故事中，我们还可以有另外一番解读，那就是，如果不适合做教师，那就要赶快离开这个岗位，否则，于自己、于他人都毫无益处。假使陈景润当年勉强在中学做老师，或许，社会上多了一个下岗人员，少了一位优秀的数学家。

如果说会解题就会当老师的话，那么，阿尔法狗应该就能当老师了。

传统文化进课堂，需要"扬弃"

鲁迅先生在《朝花夕拾》之《二十四孝图》中，批判了两种"最使我不解，甚至于发生反感"的事：一是"老莱娱亲"，二是"郭巨埋儿"。

所谓"老莱娱亲"，是指春秋时，楚国隐士老莱子七十岁还在父母面前穿花衣服，学小儿哭啼，讨父母欢心。后遂以"老莱娱亲"表示孝养父母，亦借指孝养父母的子女。

"郭巨埋儿"的故事梗概是，晋代人郭巨，对母极孝。后家境逐渐贫困，妻子生一男孩，郭巨的母亲非常疼爱孙子，自己舍不得吃饭，把食物留给孙子吃。郭巨觉得养孩子必然影响供养母亲，遂和妻子商议："儿子可以再有，母亲死了不能复活，不如埋掉儿子，节省些粮食供养母亲。"当他们挖坑时，在地下二尺处忽见一坛黄金，上面写着："天赐孝子郭巨，官不得取，民不得夺。"夫妻得到黄金，回家孝敬母亲，并得以兼养孩子。从此，郭巨不仅过上了好日子，而且孝顺的美名传遍天下。

两个故事，可能版本上大同小异，但都是古人用来诠释、宣扬"孝"的读物。对于这种形式主义的"孝"，鲁迅先生毫不留情地予以讽刺："正如'将肉麻当有趣'一般，以不情为伦纪，诬蔑了古人，教坏了后人。……道学先生以为他白璧无瑕时，他却已在孩子的心中死掉了。""我从此总怕听到我的父母愁穷，怕看见我的白发的祖母，总觉得她是和我不两立，至少，也是一个和我的生命有些妨碍的人。"

读了鲁迅先生所援引的两个故事，我也涌起了一种"肉麻"与"后怕"

的感觉。在中国人的观念中,"孝"是不容置疑的,"百善孝为先"。作为子女,为了回报父母的养育,要服从父母的权威,要遵从父母的指点和命令,要按照父母的意愿行事。这是人伦之事,毫无疑义。鲁迅先生之所以批判之,并非否定孝顺,是要从实际出发,从人情出发,而不是只从形式上去糊弄人。他在《我们现在怎样做父亲》中写道:"历来都竭力表彰五世同堂,便足见实际上同居的为难;拼命的劝孝,也足见事实上孝子的缺少。而其原因,便全在一意提倡虚伪的道德,蔑视了真的人情。我们试翻一翻大族的家谱,便知道始迁祖宗,大抵是单身迁居,成家立业;一到聚族而居,家谱出版,却已是零落的中途了。况在将来,迷信破了,便没有了苦竹、卧冰;医学发达了,也不必尝秽,割股。"

每每读到《二十四孝图》,我就不自觉地联想到当下很多地方,不管三七二十一,将《弟子规》《三字经》《百家姓》《千字文》或其他古书拿过去,让学生背诵的做法,还有些地方或学校,让孩子们穿着"古代服饰"、摇头晃脑地背诵"经典"的场景,总觉得不太妥当。把传统文化简单理解为背诵诗词歌赋,这是对传统文化的似懂非懂的片面理解,甚至有些偏离了传统文化教育的方向,只重形式而忽视了内容。

也许有人要说了,这是在"弘扬传统文化"啊!

可是,我们要搞清楚,"传统文化"与"优秀传统文化"是两个不同的概念。

细心的你一定会发现,国家一直倡导的是"中华优秀传统文化",不是简单的"传统文化"。传统文化中,毕竟有泥沙俱下的内容。继承和弘扬"优秀"的传统文化,是对传统文化"取其精华,去其糟粕"的"扬弃",而不是全盘接受,一股脑儿搬过来。像"郭巨埋儿""老莱娱亲""苦竹""卧冰""尝秽""割股"之类的,如果要学生也去"学习",岂不是沉渣泛起,死灰复燃?发霉的奶酪,闻起来有香味,其实有毒存焉。如此教育,其实是对中华优秀传统文化认知的不足,不过是"穿新鞋走老路"。

优秀传统文化,是我们民族的"根"和"魂","我们决不可抛弃中华民族的优秀文化传统"。作为教育工作者,优秀传统文化如何走进课堂,是要循序渐进，逐步推广的。作为"课程"，继承和发扬传统文化中积极、合理的因素，抛弃和否定传统文化中消极的、丧失必然性的因素，在内容的选择上要"扬弃"，在方式的选择上应与时俱进，不是摇头晃脑地背背《三字经》《弟子规》那么简单。要本着"幼儿养性，童蒙养正，少年养志，成年养德"进行传统文化教育。

教书育人不能搞形式，教学不能瞎折腾。何况，当下对学生进行思想品德教育的素材不可谓不丰富，不可谓不鲜活，何必只从"故纸堆里讨生活"？

优秀传统文化进课堂，要引导孩子们主动学习，快乐实践，"古为今用"，这才是真正的目的。

我不拍照发给家长，学生就不做作业吗？

有网友问我：

梁老师，上学期发生了一件事：

"求今天的家庭作业。"一位家长在家长群里发出了求助信息。

"你们班有几个同学未完成作业。"第二天，政治、数学、物理老师纷纷向我抗议。

这一切，都是因为我前一天没有做一件每天都"习惯"做的事：把家庭作业拍照共享在家长群里。

我想想也觉得憋屈。难道我不拍照发给家长，学生就不做作业吗？

我作了如下回答：

你的这个故事，于我而言，一点也不新鲜，可以说，只要有班级的地方，每天都在上演，只要有考试的地方，故事将继续上演。

没有谁天生爱做作业，即使是成年人。你只要想一想，校长给你分配任务，你是否都乐意接受？

很多年前，读书的时候，没有"家庭作业"这个概念。我总觉得学校教师把这双手伸到家庭里，说委婉点，是教师过于相信自己的能力而把教育半径无限扩大，是越俎代庖不尊重家长的表现，言重点，是侵犯隐私和学生个人自由。哪一条法律规定，教师有权利给在家的孩子布置作业的？"法无授权不可为"！

当然，我的这个想法，很傻很天真。

后来，时代变了，家庭作业已经成了天经地义的事儿，要是不布置作业，倒成了不正常的行为。想必你一定会收获"不布置作业，你能保证考高分？""人家十年才能做一个板凳，你几天就想做一套组合家具？"之类的质疑。据说，偶有几个离经叛道的老师有"改革举措"，想让自己的学生既不做作业，又能考出好分数，结果，这些"冒天下之大不韪"的教师们，马上就碰得鼻青脸肿——他们对教育生态的现状作出了浪漫而不切实际的判断。覆巢之下，焉有完卵？最后，只好灰溜溜地与大家一起"祗辱于奴隶人之手，骈死于槽枥之间"。至于说离开了自己的单位，在外面作讲座的"砖家"，信口开河，吹嘘自己如何如何出神入化，轻负高效，反正又没有人去调查。千万不要被忽悠上当受骗，权当笑话，一笑了之。有两种情形，我见得比较多。一是，爱吹牛的名师，往往说一套做一套，回去可能比别人下手更狠。二是，这些名师班级的考试分数，比别人差很多。

如何看待这个问题？我不在此详细讨论。我们还是回到作业上来。

教师每天都挣扎在几座大山面前，做了愚公或愚婆，可惜没有感天动地，最后还是自己辛辛苦苦地把一座座大山深一脚浅一脚地移走，并且日复一日年复一年。最令老师痛心疾首的是，每天总会与想方设法逃作业的学生进行捉迷藏的游戏，有时还因为家庭作业的问题，与孩子、家长产生种种矛盾，闹得不开心，甚至还有更严重的后果。教师直感叹：好心当成驴肝肺！把流水泼到筛子上去了！流血流汗又流泪！

再后来，有了家校联系本。于是，家长和学校联手书面监督孩子。孩子每天记作业，家长要每天签字。但是，道高一尺魔高一丈，即使有家校联系本两头管控，还是有孩子玩躲猫猫，忘记抄作业了，少记作业了，忘记带作业本了……理由层出不穷，为逃避作业找借口。据我了解，相当多的家长，感情上支持老师，但在实际操作上也是应付应付，不可能每天都"保质保量"地完成签字的作业。

再后来，有了非议满天飞的校信通。在家校联系本外，又加上一道防火墙，学生想少记作业、忘带作业？没门，班主任已经把校信通发到了家长的手机上，今天做哪些作业，家长一目了然。可是，现在的孩子早已练就金刚不坏之身，兵来将挡水来土掩，上有政策下有对策。家长总有忙得顾不上孩子的时候吧，孩子只要有一次机会就乘虚而入，赚到一次是一次。有孩子竟然趁家长不注意，悄悄拿起家长手机，把"来自班主任"的信息点击删除。另一方面，作业的眉目也与时俱进起来，很多打着"教改""课改"的名义，变着花样要家长陪同孩子完成作业，也搞得家长心烦意乱，惹不起也躲不起。有同事的孩子才上小学一年级，每天的手机短信中，都会收到"来自班主任"的信息，或是作业，或是褒贬。家长们苦不堪言，有人已经意识到，家庭作业，逐渐演变成"家长作业"了。

再后来，有了家长QQ群，家校联系本不看，校信通不看，QQ总是要上的吧，于是，"智慧"的教育工作者又有新发明，每天将作业拍下来，发在家长群里。既可以监督孩子，又可以急一时之需，甚至，还可以相互督促。尽管这样，百密一疏，总有失联的时候，还是要被孩子抓住机会，真应了范伟的那句经典台词："防不胜防啊！"有一天晚上，一家长跟我通话15分钟谈如何"齐抓共管"孩子的作业，结果，孩子当天晚上的作业还是未做……

再后来，有了微信。我就不说了。

海陆空，全方位多角度全天候监督，依然有人能钻空子。你不得不佩服学生的自我防卫和抵抗能力，免疫力的提升速度超乎想象。

可恨的作业，千刀万剐，咬牙切齿，折射的是我们教育多年的"赫赫成果"。

在"管、卡、压"的思想指导下，在"盯、关、跟"的具体操作中，孩子已经养成了一切事情都有老师和家长为之做好的习惯，自己只管"衣来伸手，饭来张口"，只管完成一件事：奉命做题！其他的都有人为之做好，恨不得考试卷上的姓名都要老师代写。——其实，每次监考，都会发现有考生"忘记"写姓名的。

这是教育的成功，还是失败？也许，我们都在犯错，却不知不觉。

说到这儿，你大概已经明白"不拍照发给家长，学生就不做作业"的原因了吧!

鲁迅先生说:"真正的勇士,敢于直面惨淡的人生,敢于正视淋漓的鲜血。"有多少"以教育为名"的行为在伤害孩子,有多少以"为孩子好"为名而在用不道德的行为去进行所谓的道德教育,有多少践踏教育规律、违反教育规则的行为却公然在天真纯洁的学生面前肆无忌惮?因为习以为常,因为历来如此,因为上有所好,就常常当作对的事情在做,甚至还有多少人,扮演着看客麻木地随声附和却浑然不知是一错再错?

李希贵先生在《心中要装大目标》一文中,讲述了一个细节:"在我们大部分校园里,指引人们的示意路牌一般都是设立在交叉路口,提醒你应该行走的方向。在西方的校园里,我们又经常会发现另一种不同的示意路牌,这些标志一般设立在校园里的各个险要位置,它们其实是一个校园平面图,每一幢建筑都标有功能,学校的重要部门所在何处也要具体说明,同时又提示你现在所在的位置。如此而已,至于应该选择走哪一条路则完全听任你自己。两种完全不同的路标从中似乎看到东西方教育不同的影子。"

他分析道:"这样的示意图需要你的大脑,你必须花一些时间思考,你必须自己学会判断,你也必须为自己的选择负责任,但在这个选择里却充满了教育。尤其是,你的选择一旦确定,在任何一个交叉路口,你都不会犹豫、迟疑。"

放手让孩子去思考,去实践,去走自己的路。这就是李老师所举细节的微言大义。一个简单的示意图,都能细细梳理出教育的价值,关键是我们能否引发自我的反思。

学校里何止一张示意图?

很多问题,想凭一己之力改变简直就是"蚍蜉撼大树,可笑不自量",教育改革也不会暴风骤雨。作业,是我们的特色,是我们的现实,既然无法回避,不如勇敢面对,不妨让它的面孔变得稍微令人容易接受些,变得有意思、有意义些。唯愿我们能少犯一些错,如《孟子·尽心上》所云:"仰不愧于天,俯不怍于地。"

温柔的强势

一位老师在请学生读文章之后说:"同学们,老师读了这篇文章后,非常喜欢。你们也跟老师一样喜欢吧?"同学们齐声回答:"喜——欢——"老师请同学们说说喜欢的地方和理由。这时,有一位同学怯生生地举起手,站起来,红着脸,迟疑了一下,才憋出了一句话:"老师,我不喜欢这篇文章。"老师没想到,这位同学竟然不能跟老师保持一致,"一样喜欢这篇文章",便蹦出了一句话:"这么好的文章,你怎么会不喜欢呢?坐下。"于是,那位同学悻悻坐下。

一位老师提出问题后,请学生认真思考,能有"自己独特的见解",或"提出不同的看法"。于是,学生开始讨论,并纷纷说出了自己想说的话。最后,教师"肯定"了学生异彩纷呈的回答后,话锋一转,把自己提前准备好的"标准答案"出示在课件上,结论是"你们刚才讨论的结果都是错误的"。于是,学生拿出笔来,记下老师的答案。

一位老师请学生朗读文章,待几位学生读完后,问道:"想不想听老师读这一段?"学生齐声喊道:"想——"老师读完,又请同学们评价一下:"老师读得好,还是同学读得好?"学生又一次齐声喊道:"老师读得好!"于是,教室里爆发出热烈的掌声。

一位老师在提出问题后,要求"前后四人小组讨论讨论,推荐一位同学来发言"。可是,学生之间并未有效地讨论,而是不知所措,或装模作样地说几句废话。老师见状,便"弯下腰来",暗示几个"学优生"准备"代表小组"发言。

通过这几个细节看出一个隐藏的问题，几位老师其实并不是真的想让学生说出"自己喜欢的地方和理由""自己独特的见解"，或"提出不同的看法"，或是听学生读书，而是想让学生说说"老师喜欢的地方和理由"，欣赏老师朗读，记录老师准备好的"标准答案"。再说得直白一点，就是想学生能说到老师备课时所准备的地方，然后顺利接口，课堂就显得顺风顺水了。

由上述现象，可以看出教育中有一种温柔的强势，值得注意。

明眼人都能看出，这是老师上课的时候，故意作出的一种"民主"的姿态。尽管教师也会努力鼓励学生发表自己的见解，鼓励学生提出不同的意见，但教师只是在请君入瓮，欲擒故纵；尽管教师也会"弯下腰来"，但站立的学生心灵深处还是战战兢兢地跪着。实际上，教师前面所做的种种努力，不过是为后面教学流程作的铺垫。所以，这不仅是教育的艺术问题，更是教师的观念并未真正改变。所谓观念改变行为，这些貌似"民主"的场景中，其实还是一种教师强势在左右课堂，只是披上了"温柔的外衣"。当老师说"同学们一定有很多话要说"时，也许有学生无话可说或暂时不想说，就觉得对不起老师的"相信"，就只好揣摩一下老师的想法，应付一下老师，说点言不由衷的话来。当老师要求学生"找出文章中你认为精彩的地方"时，可能学生并未找到精彩之处，或并不敢把自己的答案与大家分享，但不好意思拒绝老师，就只好胡乱地说一点。温柔背后，我们看到的是教师固守自己的习惯，把持课堂的话语权，所有的活动、互动都是教师的精心安排，只是换了一种表达方式而已，师生之间依然是"在场不相遇"，教师在自己的世界里遨游，学生在自己的世界里陶醉。

我曾看到一则故事，说某天老师上公开课，总是笑脸相迎，灿若桃花，令学生一下子无法适应，因为这位老师平日里总是板着一副脸孔，不苟言笑。又有学生在作文中写道："老师今天在公开课上表扬了我，我很激动，因为我从未获得过老师的表扬，渴望老师每一节课都能像上公开课一样温柔。"可惜的是，该老师在听课的老师离开后，就恢复了原来的面目狰狞的样子，责问学生："你上课怎么不举手呢？"一下子从"外婆变成了狼外婆"，从"妈妈"变成了"后妈"。

　　这让我想到了一个非常时尚的说法："把课堂还给学生"。长期以来，我们已经习惯了教师的主导地位，甚至还有种种被冠以"艺术""智慧"的处理，但不管如何"智慧""艺术"，都不能以虚情假意来掩饰教师的真实目的。因而，老师在学生说"不喜欢这篇文章"后，完全可以请同学说说不喜欢的理由，只要能结合文本言之有理，同样可以达到深入理解文本的目的；当学生说出的答案与老师的预设不一致的时候，我们可以肯定学生的思考，也可以告诉学生，老师的答案只是一种参考；当老师希望能给学生的朗读指导一下的时候，完全可以说"老师是这样理解和表达的"，而不是跟学生一比高下（事实上，有的学生的朗诵水平并不比老师差）；当小组讨论没有产生预期效果时，老师可以让学生发出多种声音，然后加以辨别和引导……老师这样做对学生的学习行为自然会起到鼓励意义。

　　与其勉强让学生说些言不由衷的话，以揣摩老师的意图为目的，刻意营造热闹的氛围，还不如充分尊重学生暂时的"沉默"，让学生静静地思考。这才是真实的课堂。即使小孩也能觉察得出别人的不诚实，甚至厌恶这种行为。大多数学生喜欢老师保持自身的本色。只要我们做到这点，就比较容易与学生融洽相处。我们面对的是机灵人，任何耍弄他们的意图都会带来麻烦。老师如果只是在创设虚假的民主氛围，最终的结果都是以老师的预设为终结，学生充当课堂演出的道具，温柔就成为一种欺骗性质的假象。久而久之，学生也会明白，老师前面所说的那些话，不过是遮人耳目的幌子，最终，还是要听老师的。学生并未获得真正的尊重，下次自然就不会再把老师的话当真了。

种上庄稼,心灵不荒芜

学校组织学生参加有关部门组织的童诗童谣比赛活动。从学生交上来的作品看,有不少优秀作品,让人耳目一新,童心、童真、童趣跃然纸上,读来令人欣慰。(因为比赛需要,就不引用了。)

在我的印象中,似乎最早的童谣是《读书郎》:"小么小儿郎,背着那书包上学堂。不怕太阳晒也不怕那风雨狂……"它的传唱,勾起了多少人对童年时代的美好回忆。我读书的起始阶段,也有一些灰色童谣,如"不学数理化,只要有个好爸爸"之说。后来就随着时间的推移,也就很快被"学好数理化,走遍天下都不怕"所取代,虽说失之偏颇,至少从这些童谣中反映了社会的进步。

但是,不可否认,在这个阅读不受待见,"段子"盛行的时代,适合孩子的朗朗上口又积极向上的文字,作者少,读者也少,不受重视,可见一斑。

而令人忧虑的是,近年来,一些"灰色童谣"乘虚而入,在学生中流传甚广,并被不辨是非的学生们津津乐道。所谓"灰色童谣",是指消极显现学生生活的童谣,奇异、低俗、叛逆、玩世不恭,甚至带有黄色不健康的性质。一项调查发现,小学四年级以下,有28%的孩子传唱过"灰色童谣";初中阶段,近100%的学生传唱过"灰色童谣"。一些学生甚至认为"不会这些时尚童谣显得很老土"。

不经意间,这样的童谣就会扑入我们的视线,有的还会出现在学生的作文中：

日照香炉生紫烟，鸡鸭鱼肉在眼前。口水流下三千尺，可惜兜里没带钱。

床前明月光，学生睡得香。一觉醒过来，铃声响叮当。

分、分，学生的命根；考、考，老师的法宝。

读书苦，读书累，读书还要交学费……

在我心中，老师最凶，晚上补课到九十点钟；回到家里，老妈最凶，盯着作业从不放松；父母不在，老子最凶，拳打脚踢，发泄一通！

孩子是天真的，在他们心中，"灰色童谣"更多的是"好玩"，至于低俗、不健康则不是他们所能意识到的。童谣是孩子们的另一面镜子，可折射或散射出某种内在东西，令人掩卷长思。这些童谣，从某个侧面揭示了当今学生的学习状况，贴近孩子的真实心态，宣泄了他们心中的负面情绪。透过它，可真切地看到孩子们的心灵画卷，是忧伤的，是快乐的，是抑郁的，是无奈的，还是玩世不恭的……这些童谣实际上是一种呼喊，向社会传递着孩子们的心声。如"书包最重的人是我，作业最多的人是我，每天起得最早的、睡得最晚的是我，是我，还是我"。一首改编过的《上学歌》更是传唱大江南北："太阳当空照，花儿对我笑，小鸟说早早早，你为什么背上炸药包，我要炸学校，老师不知道，一回头，我就跑，回头一看，学校炸飞了。"表面上看是学生无聊的恶作剧，实则是他们排解心头压力的无奈之举，表现了学生对学习的敌视和叛逆情绪。孩子们经常挂在嘴边的字就是"累"和"烦"，他们觉得校园生活枯燥无味。无疑，孩子承受着现代社会给予的沉重压力，情绪在生活中积累起来，却又无法对家长和老师诉说，于是就借助童谣放松一下，这是灰色童谣得以流播的重要原因。

然而，这些在学生中口耳相传的"段子"，以调侃的语调、戏谑的态度、粗俗的语言，让学生一学即会，传播的负能量不言而喻。有教育专家指出，带有色情、暴力色彩的童谣，将直接影响孩子健康心理和性格的养成，削弱孩子艺术审美能力的培养。中小学生尚不具备正确判断事物的能力，缺乏自主意识，模仿能力很强，一旦个别学生开始传唱，其他同学就会不由自主地跟着模仿。难怪有识之士大声疾呼：莫让"灰色童谣"成为学生生活的主旋律。

我们不能去责备他们发出声音的权利，去苛求孩子的完全成长，而应理性地善待这些"童谣"。我们细瞧一下这种叫童谣的东西，实则也只是孩子口头上的游戏。它不是刀，也不是火，只是影射着孩子们一点小小的心态，须知，凡是存在的就必然有一定的生存土壤。

学校里所教的能反映时代生活，朗朗上口、积极健康的童谣的缺失，是导致"灰色童谣"盛行的一大因素。现在能脱口而出的传统童谣，还是那么几首，诸如《采蘑菇的小姑娘》《小老鼠上灯台》《蜗牛和黄鹂鸟》等。虽然动听，却与现代孩子生活的环境疏离，不能真实反映孩子的内心世界，得不到孩子的青睐。在网络时代冲击下，在快餐文化的刺激下，一些新奇怪异的东西对心智尚未成熟的孩子而言，充满挑逗，是产生这些"灰色童谣"的"温床"。整个社会氛围中，既没有像丰子恺那样的大师级人物愿意为孩子写童诗，学校的文化建设一般追求的都是"高大上"，几乎没有听说过学校进行儿童诗和童谣创作比赛之类的活动。因而，一些文艺活动中，学生们能够熟练演唱的往往是《谢谢你的爱》《对面的女孩看过来》《双节棍》《我是女生》等流行歌曲，倘若有哪一名学生不识时务地唱《听妈妈讲那过去的故事》，说不定还会引起同学们的哄堂大笑。而在繁重的应试压力下，学校、家长、社会往往忽视了对孩子主观意识的引导，也很少注意与孩子进行心灵交流，孩子在面对压力时就显得无助和迷茫，也是"灰色童谣"风靡的一个重要因素。

"灰色童谣""声声"不息，孩子越来越叛逆，家长和老师忧心忡忡、心急火燎、视若洪水猛兽加以围追堵截都不是解决问题的办法。只有当我们创造出一个纯洁、优质的教育环境时，我们的校园童谣才可能变得干净、甘甜起来，真正起到滋润孩子心智的作用，"灰色童谣"就有可能渐渐淡出。因此，老师和家长对学生传唱这类童谣不能一笑了之，也不能一堵为快，而应引导学生用积极的方式调节情绪，尽可能给他们提供丰富多彩的活动。

这正是我对此次征集童诗童谣的活动充满敬意的原因。让孩子传唱真正属于他们自己的童谣，是每个人都义不容辞的责任！比如，学校可以设立童谣课程或者童谣兴趣班，让孩子们尝试自己写歌。同时，建立激励与表彰机制，让更多的专业和业余人士拿起手中的笔，倾听学生的所思所想，创作出富有时代气息的新童谣。儿童文学作家和老师有责任和义务创作出更多反映孩子身边生活的绿色童谣，引导他们摆脱成长的烦恼。

孩子天生是诗人。2016年，温州乐清市虹桥镇第一小学五（5）班学生万奕含的一首小诗在网络上走红，引发众多网友共鸣，不少人坦言在成长过程中遭遇过"你是捡来的"之困惑，这首小诗既有童真，又包含对妈妈的爱，让人读后忍不住笑了。

秘　密
万奕含

妈妈说我是捡来的

我笑了笑

我不想说出一个秘密

——怕妈妈伤心

我知道

爸爸姓万

哥哥姓万

我也姓万

只有妈妈姓姜

谁是捡来的

不说你也明白

嘘！我会把这个秘密永远藏在心中

优秀的童谣是孩子成长不可缺少的文化养料，少年儿童了解并认识这个世界，很多时候就是从这些简单易懂的童谣开始的。它承载着优秀的文化和道德观念，有助于孩子们养成良好的行为习惯。童谣不仅要内容健康、积极向上，而且要韵律优美、朗朗上口，具有学生易接受、易理解等特点，这样才能成为学生认识世界、表达感情的载体。

请用理性、关爱、热情来捍卫校园里的童谣吧！让现代童谣与美丽一起飞，让孩子与健康一道成长。正如一位禅师所言：要想除掉旷野里的杂草，只有一种方法，那就是种上庄稼；要想心灵不荒芜，唯一的方法就是播下美德的种子。

谁"配合"谁

一所学校马上要举行对外公开课活动了,学校领导通过广播发出了动员令:请同学们配合老师上好公开课!

一节公开课快要结束时,老师动情地对学生说:"谢谢同学们的配合。"

一次公开课研讨时,执教老师分析得失原因时说道:课堂气氛不活跃,因为这个班"学生不配合""不积极举手发言""讨论不积极""不会主动提出问题"。

这几个教学研究活动镜头中,我们都听到一个词"配合",而且潜台词是课堂教学成败的一个因素是学生"配合与否"的问题,而不是老师的问题。

我们承认,公开课存在着一定的"表演"成分,毕竟师生的教学活动是要在大庭广众之下,面对数十乃至成百上千的观众的,听课者也希望能在这样的课堂上有所获益,有所启发,有所借鉴,因此,作为教者谁也不愿意丢丑,授人以话柄。但是,我们不能忘记,即使是公开课也是"上课",不能"作假"和"假做",与纯粹的娱乐走秀不同。老师上课不是演员拿着麦克风在台上又唱又跳,一个人精彩;学生也不是听众,只要手摇荧光棒发出阵阵尖叫声或热烈的掌声,充当道具。既然是上课,着眼点依然是为了促进学生发展——这是所有的教学活动的宗旨。也许有人说,公开课就是为了"看老师"的,但我们必须谨记的是,教师的价值就体现在能有效地组织课堂教学,促进学生在流淌着生命活力的课堂上智力探险,情感丰富,素养提升。若说配合——只能是教师以合宜的教学内容和合适的教学方法去配合、去适应学生的学。学生是学习的主体，是学习的主人，学校教育，归根结底是"创造适合学生的教育"，努力从各个方面为学生的成长和发展创设有利的条件，营造适合的氛围。从这个意义上说，老师的精彩，是由学生的精彩铸就的。

在公开课上呼吁学生配合老师，从观念上说，是一种根深蒂固的以教师为中心的思想，学生是老师的配角，是学习的接收者，处于被支配的地位，必须看老师的脸色行事，如此课堂是为展示教师个人风采而不是为学生上课。显然，这是颠倒了师生之间的关系，背离了课堂教学的初衷。提及"配合"这个词，总让人疑心作假和作秀。我们可以想象一下，所谓要配合好，无非就是在课堂上，不是真正地产生问题，生成探究，建构知识，而是看老师的眼神脸色去亦步亦趋地跟着老师转，揣摩老师提问的目的而主动迎合老师，培养的是顺从和奴性。于是，不该问的坚决不问，免得滋生意外让老师难堪，因为上课该谁回答什么问题，老师已经预先安排好，不请自来往往不讨好；不该说的坚决不能说，免得影响老师课前预设好的每一个教学环节，因为这些环节，老师也许已经精确到每一分钟；不该举手的坚决不要举手，比如老师事先让你举右手的，你千万不能举左手，因为老师会根据你举左手或者右手来判定是请你还是不请你回答问题；等等。这样的公开课，其实已经被很多人诟病不已，水分太多，花样太多，看上去小手直举，小脸红扑扑，热闹非凡，其实，都不过是在演戏而已，学生貌似是主角，实质是木偶，一切尽在老师的无影手的掌控之中。学生"配合"老师的课堂上，虽然老师站着学生坐着，但实质是老师"坐着"学生"跪着"。

退一步讲，即使是真的由于学生没有"配合"好，那么是不是就把板子打在学生身上呢？当然不能。在面对学生启而不发的时候，是不是应该想到教师的提问火候未到？在面对学生讨论的热情不高涨时，是不是应该反躬自省，问题的情境还没有创设好，铺垫还不到位，学生的思维还没有被激活？在面对学生不会提出问题的时候，是不是考虑学生还没有真正读懂读通文章，还需要时间思考，还不敢肯定，还不能放胆，还有顾虑？学生不配合，教学效果自然不好，老师的心情自然可以理解，但我们要做的不是迁怒于学生，而是要反求诸己。泰戈尔有诗云：水尝无华，相荡乃成涟漪；石本无火，相击乃成灵光。

参加一个全国性的教学研讨活动时，我有幸听到了一位著名特级教师的课堂结束语："谢谢同学们今天放弃休息来上课，但愿我们的这节课没有令同学们失望。如果你觉得这节课上得有什么不好，请发邮件给我，我一定会一一回复的。谢谢同学们！"

这位老师对学生利用双休日来参加"成人的活动"表示了谢意；他作为名师上课，首先担心的是"令学生失望"而不是"令听课老师失望"；他请学生为课堂提意见，并表示"一定会一一回复"。什么叫"以学生为本"？由此可见一斑。只有老师主动蹲下身来"配合"学生，只有老师的激情四溢、巧拨妙点、穿针引线，才能使学生"如听仙乐耳暂明"，才能使学生身与心都投入其中而乐此不疲，才能使师生之间你中有我、我中有你，情谊契合，共振共鸣。也正因如此，才有师生间"零距离"的"心灵对话"，才能让课堂显得"一个世界，多种声响"，"百鸟朝凤，各鸣佳音"！

做一个不拖课的老师

我有一个原则：不拖课。不仅自己上语文课一分钟也不拖课，而且，我做班主任时，班级放学总是学校里最早最准时的，七、八年级时五点放学，九年级时五点半，我恪守自己给学生许下的诺言！

做一个不拖课的老师，原本不过是一个常识。只可惜，现在的很多常识都已经丧失。坚守常识，常常会沦为笑话，沦为迂腐、不知变通，甚至是另类的代名词！就像准时下课这样一件稀松平常的事儿，做起来也并非易事。你看吴非老师所著的《课堂上究竟发生了什么》，其实并无什么新思维、新举措，有的不过是常识，但老师却有"醍醐灌顶""豁然开朗"之感，可见，"常识"多么的稀有。然而，我们需要扪心自问的是，连常识都没有，还奢谈什么见识？

在中国人的思维习惯中，其实"准时"往往不是一件值得称道的事。比如，曾看到一篇文章说，"一下班就回家陪老婆孩子的人"，其实并非令领导和同事高度肯定的人。很多单位的领导，或明或暗地鼓励"加班加点"的人是无私奉献的人，是不计个人得失的人，是大家学习的榜样，动辄就表扬说"你看人家王老师，下班了还在教室里"。搞得正常下班也变得"不正常"，弄得连下班都要吆喝一下，三五个人一起走才不至于冒天下之大不韪。

说白了，不拖课，是对规章制度的敬重。所谓敬重，就是在不折不扣地执行学校的规章制度，而不是阳奉阴违。也许有人会说，制度只是用来应付上级检查的，真正执行的时候，可以"灵活机动"，因为"制度是死的，人是活的"。我从不认可这种自作聪明的说法。我知道有的领导其实并不要你如此傻乎乎地执行规范，规范也常常是说在嘴上，挂在墙上，写在台账里，"说说而已"，不必较真，而要聪明点察言观色，读出领导在台上重要讲话背后的"言外之意"。我也知道，这一切"成熟"的做法，其实是成人之间玩的相互心照不宣的游戏，有人运用得出神入化，突破常识，就会赢得不少的"成绩"，会成为"优秀""模范"。我想到一句略带夸张的话：一将功成万骨枯。

在成人面前，可以戴着面具（有时也必须戴着面具），但谁也不应在孩子面前做一个伪君子。我们的心中可能都有一件"皇帝的新装"，但是我们终将无法阻碍孩子说出那句"皇帝什么也没穿"。在学生面前说的话，就必须言而有信，绝不戏言。你可以灵活穿梭于成人世界，上下通达，八面玲珑，见人说人话，见鬼说鬼话，到哪座山唱哪首歌，但你绝不该也绝不忍去玷污孩子纯真的心灵。教师可以不伟大不高尚不纯洁，但要在那一刻守住教育的底线，否则，教育界那些所谓的思想道德教育，岂不是在自己打自己的耳光？我们的教育，岂不是在充当教唆犯，让学生人格分裂，虚伪，世故，投机？尤其是，有些老师开会发言时义正辞严、道貌岸然、坚持真理、眼睛里揉不进沙子，说起践行价值观时，可谓声泪俱下，感天动地，可是，当一点点蝇头小利在诱惑的时候，其所作所为却是连基本常识都不顾——如果我是学生，我会从心底里鄙视这样的老师。

不拖课，从骨子里说，是一种对自己和他人生命的敬畏。如果要找理由延迟下课，我们可以有千千万万个，最动人的就是分秒必争"为了学生好"，其实，只要稍加分析便不难发现，这是自欺欺人的说法。孩子们常常表示老师"为你好，受不了"，当我们毫不犹豫地"爱"学生的时候，是不是也该问问孩子，需要这样的爱吗？一节课45分钟，且不管你的教学内容是否都能让学生乐此不疲，忘记了下课时间，单看学生始终端坐于教室，身体和心理上都基本处于紧张状态，下课了，正是学生稍微休息和调整的时机，老师却依然把学生关在教室里，这不是很残忍地伤害学生的行为吗？不谈生命、健康，什么成绩、成功、成果，统统都是浮云。

在我看来，如果程序不合规矩，一切成果都无从谈起。——不管你说得有多么漂亮，都经不住推敲。现在的教育，打着"一切为了学生"的旗号，干着偷鸡摸狗、中饱私囊的事情多了去了。有时，我倒是佩服"宁做真小人，不做伪君子"的人。做不到就不说，说到的就要做到。虽然改变不了大环境的道德滑坡，但至少在自己的班级里，自己的课堂上，在自己做班主任这段时间里，尽可能给学生传递的是一种正义、公平、合法。也许我们不能完全做到，但能做多少就做多少，努力就问心无愧。

有时，我们班的学生放学经过其他班的时候，背着书包，哼着歌儿，引起了被关在教室里、放学时间还遥遥无期的其他班同学的羡慕嫉妒恨，连隔壁班的班主任都要向我抗议，我只好对同学们说：低调点。

纸巾的故事

校本培训,一个主题是"观课议课"。在聆听专家的讲座中,我的脑海中不断浮现曾经有过的"观课"情形。

有一个画面常常让我觉得有话想说。

在一次省级优质课比赛的现场,我坐在观众席上,静候上课的老师登台献艺。只见这位老师的助手们忙前忙后,不亦乐乎,有的准备音响,有的调试投影。那架势,跟拍电影似的。

一位看上去年长的女同志,站在讲台边上,从手提包里掏出了一叠纸巾,整齐地叠放在讲台中间,与教者耳语一阵,又掏出一叠,叠加在刚才那一堆上。她回过头来看看教者,教者似乎很满意,点点头。于是,那位助手也满意地回到观众席。

看到这一幕,我有些奇怪:见过老师的道具五花八门,什么外婆的腰鼓啦,什么爷爷的烟斗啦,什么母亲亲手缝制的小棉袄啦,或者学生制作的卡片,老师的发卡,还真头一回见到纸巾这样的道具。

总而言之,这堂课还没开始,我就充满期待——期待这一大叠纸巾的用途。

课上的什么内容,课上得如何,已经完全没有了印象。但是,这堆纸巾的出现,我却始终无法忘却。

原来,这位老师上课时,不知道讲到一个什么内容,讲着讲着,就想起了一个过去的故事,大概是关于亲情的吧。总而言之,这位老师讲着故事,先是声音哽咽了，接着眼泪就哗哗流下来了。

再就是，我不说，大伙也明白。只见老师一边抹眼泪，一边走到讲台边，口中还念念有词："不好意思，老师太激动了。"

我这才恍然大悟，敢情这纸巾是准备在这儿发挥作用的啊！

可是，我纳闷的是，你一个人流泪，干吗要准备那么多纸巾呢？我就以小人之心度君子之腹了，或许，这位老师认为，此时此刻学生也应该泪流满面了，那么多纸巾不就派上用场了吗？

可惜，我好像只看到学生被老师泪眼婆娑得有些不知所措，只是怔怔地看着老师。

这是多年前的事，但我常常想起。

曾几何时，许多老师很善于在课堂上讲述自己"亲身经历"的故事，借以打动学生的心灵。我当然不反对这种做法——如果你有足够的勇气，如果觉得很有必要。但关键是，这里老师是真实情感的流露，还是为了达到煽情的目的。如果只是插播一个事先编造的剧情，就值得探究。即使老师课前预设的内容有这一项，也用不着夸张到准备一大堆纸巾吧。

倘若老师讲的故事只能打动自己，老师上课独自一个人在流泪，学生却无动于衷，甚至还会觉得矫揉造作，那这样的预设就是一个败笔了。相声演员的一个基本功就是，不动声色地抖包袱，观众哈哈大笑，演员自己却不会先笑出来。如果演员表演不精彩，即使你再暗示，也不会有效果。老师的讲课中，哪怕是一个眼神，一个手势，一句朗读，同样可以引发学生的思考，或激起学生情感的涟漪。老师的做法失败，至少有几个原因：一是故事不生动，太稀松平常；二是讲述者的表演功夫拙劣，无法令学生产生共鸣；三是虚情假意，仅仅是表演作秀而已。

我不怀疑老师故事的真实性，我觉得老师在上课时，还是要有真情实感，或许，一个简单的故事也能令人听来唏嘘不已。朱自清父亲的背影，够普通了吧，却有无数人为之感慨万千，也许对我们上好语文课有一定的启发。

教师不能"抽空去上一节课"

外出参加教研活动,一位老师在评课时,不由自主地叹息道:这样的好课,只有羡慕的份儿;自己没有时间备课,平常上课是敷衍了事,"抽空去上一节课"。

没想到,评课者的一番话,引发了在场不少老师的共鸣。老师们纷纷表示,现在学校的工作多,负担重,头绪杂,老师忙于完成作业批改、考试、阅卷,接踵而至的与教育有关无关的活动、培训、会议、检查、评比、考核、考试、学习、比赛、填表、问卷调查,往往还要写心得,交体会,拍照打卡,回复各种消息,以及其他非教学类事务。每一项任务都"很重要"、"很有意义",甚至都"政治正确",因而,真正用于备课、上课、反思的时间,被挤压得少之又少。有教师直言不讳地说,疲于应付无穷无尽的杂务,根本无暇思考,有时只好上网去"度"一个现成的课件,或者直接搬着教参到讲台上去,照本宣科。

作为身处一线的教师,我当然感同身受,也理解老师们"人在江湖,身不由己"的无奈,不过还是觉得,本是教师职业最基础、最重要、最具有专业标志的上课,如今竟然沦为最不被重视的事,变成一种重复性的、机械性的、毫无生机与活力的、没有任何思想的工作,真是不可思议。

上课之于教育教学的意义,有很多教科书级的诠释,任何从事教育工作的人都应该知道,无需我赘言。

儿时,上课就是上学的代名词。"课比天大",是父辈们对我们的简单教导,是老百姓对教育的朴素认知。做教师后,有一次,在教室走廊里遇到一位家长,说家里有事,想为孩子请假。我自然同意。他却表示要在校门口等到下课再把孩子接走。我本想说"语文课少上一节没关系的",没想到,家长说了一句令我刻骨铭心而又羞愧难当的话:"这是一节语文课,怎么舍得落下?"我时常以此来警醒自己,要尽力让每一节课不随意潦草,不马虎懈怠,哪怕不完美,也问心无愧。

随着时代的发展,新思维、新观念、新形式层出不穷,但无论怎样改革,课堂教学依然是教育的主阵地。疫情期间,学校一般都坚持线上教学,据我有限的观察,没有人认为这种"空中课堂"可以取代线下教学,就连学生也都盼望着赶紧回到教室上课。即使信息技术日新月异,时尚潮流,方便快捷,只需一块屏幕,一个鼠标,一根网线,也不可能把课堂变成冷冰冰的"人机对话"。说是全社会达成一种非常难得、史无前例的共识,也不为过。

课堂,本质上是一种对话,在对话中激荡思维,发掘潜能,生成智慧。课堂独有的魅力在于,人与人之间的相遇、交流、倾听、互动,形成一个氤氲着生命气息的场,透露出生机的讯号,闪耀着人性的光芒。"剪刀加浆糊"式备课,周而复始地"发试卷—考试卷—讲试卷",循环往复地"唱着同一首歌",即使站在讲台前,也不能算真正的上课。有人辩解,不管白猫黑猫,能抓到老鼠的就是好猫。言下之意是,只要考试分数"结果"好看,至于上课过程如何"简单粗暴""不拘小节",以及对学生的未来发展产生什么样的影响,都无足轻重。追求短平快,最好是"日日清,周周清,月月清",恨不得今天播种明天开花后天结果。这样的课堂教学,貌似有效,实则竭泽而渔,是对教育的亵渎,对生命的戕害。毕竟,教育不仅有眼前的苟且,还有诗和远方。

课堂还是教师专业发展的有效途径,教师理应回归教学本位。

任何先进的教育理念、教育内容、教育方法,课改或教学模式创新的"最后一公里",都是由教师完成的。做立德树人的"大先生",教师不仅要有情怀,更要有站立课堂的底气。如果连课都上不好,上不下去,空有满腔热忱,往往眼高手低,也只能是"语言的巨人,行动的矮子",终将误人子弟。于漪、窦桂梅等名师的教学案例和成长故事告诉我们，课堂是教师专业成长的主阵地。

苏霍姆林斯基在《给教师的一百条建议》里讲到一段对话。

"是的，您把自己的全部心血都倾注给了自己的学生了。您的每一句话都具有极大的感染力。不过，我想请教您：您花了多少时间来备这节课？不止一个小时吧？"

"对这节课，我准备了一辈子。而且，总的来说，对每一节课，我都是用终生的时间来备课的。不过，对这个课题的直接准备，或者说现场准备，只用了大约15分钟。"

这是一位有着33年教龄的历史教师，在执教完一节题为《年轻苏维埃人的道德理想》的观摩课后，对一位邻校老师发自肺腑的一段话！虽出自一位普普通通的一线教师之口，却感人至深、引人深思！

上课，是师生生命成长的过程，岂能草草了事？时常扼腕叹息，说明老师们毕竟良心尚在。重视课堂教学，永远都不过时。

第三辑

在教育阅读中明亮

一个人，生命中必须有几本滚瓜烂熟的书。这样的书，是生命之书，知音之书，伯乐之书！一个教师需要通过读书、读人、读课，才能品尝职业的志趣，呵护专业自尊，见天地，见众生，见自我。

扪心自问，我算是一个比较喜欢读书的人。我喜欢读哲学、文学方面的书，当然，读得最多的还是教育教学类的书。像《论语》，雅斯贝尔斯的《什么是教育》，《苏霍姆林斯基选集》，《叶圣陶语文教育论集》，孙绍振的《文本细读》《月迷津渡》，莫提默·J·艾德勒和查尔斯·范多伦的《如何阅读一本书》，约翰·D·布兰思福特的《人是如何学习的》，国内名师于漪、黄厚江等人的著作，都是案头必备，可以说是"怀着爱与敬重的阅读"。教育主管部门的杂志，如《人民教育》《江苏教育》《中学语文教学》等，虽然不可能每篇都细细阅读，也基本是每期必翻的。一方面及时了解教育教学的前沿动态，一方面也让自己结合教育教学实际有所思有所悟。因为喜欢，仿佛有"绿衣捧砚催题卷，红袖添香伴读书"的感觉。

阅读，是一种精神上的享受，是一种个人修行，是一种自我救赎，是一种确认自己存在价值的事情。

读书方知识字少

虽然我是语文老师,但也有很多不认识的字词。所以,读书时大凡遇到陌生的面孔,只要条件和时间允许,一般都要搞得水落石出,才善罢甘休。这不,我最近读了几本书,就认识了好几个词语。

1."娑婆"与"婆娑"

王尚文先生在《语文品质谈》中举例,有电视节目主持人不知"娑婆"和"婆娑"的区别而闹笑话的事,我不禁心头一紧——因为我也从来没有把它们当作两个词儿。据我的印象,汉语中两个字前后调换一下位置,虽然意思不是完全相同,但也不至于有天壤之别,大致可以互换。随手可以举出:互相——相互,达到——到达,正反——反正,由来——来由,聚集——集聚,光亮——亮光,细心——心细,别离——离别,代替——替代,退后——后退,情感——感情……只要有兴趣,还可以列举无数。

偏偏"婆""娑"这两个汉字组成的两个词,语源和语意都大相径庭,是不能混淆的。赶紧查阅,获得如下答案:

婆娑,百度上的解释是:形容词,盘旋舞动的样子;《现代汉语词典》中有三个义项:(1)盘旋舞动的样子:婆娑起舞。(2)枝叶扶疏的样子:杨柳婆娑,树影婆娑。(3)眼泪下滴的样子:泪眼婆娑。

《诗·陈风·东门之枌》有例:"子仲之子,婆娑其下。"毛传:"婆娑,舞也。"

清·田兰芳《两堂问答·石仙（袁可立堂号）》有句云："婆娑阶下舞仙禽，此地幽人酒独斟。"

我们最熟悉的，莫过于统编教材中有茅盾的《白杨礼赞》中的一个句子：

它没有婆娑的姿态，没有屈曲盘旋的虬枝，也许你要说它不美丽，——如果美是专指"婆娑"或"横斜逸出"之类而言，那么白杨树算不得树中的好女子。

而"娑婆"一词，《现代汉语词典》（第七版）上没有收录。因此在百度搜了一下，解释如下：

"娑婆"，梵语音译，名词，意译"堪忍"。为释迦牟尼佛教化的世界，指在这个世界的众生要忍受各种苦和烦恼，也指释迦牟尼佛所教化的世界，也就是我们这个世界。

2."泰半"

莫提默·J·艾德勒和查尔斯·范多伦著的《如何阅读一本书》第93页有两句话：

"一个作者用字，泰半和一般人谈话时的用字差不多，这些字都有不同的意义，讲话的人也相信随着上下文的变化，对方可以自动就找出其不同的意义。"

"尽管如此，任何一本书中的泰半字句，都可以像是跟朋友说话中的遣字用词那样阅读。"

这两句话中，都有一个词："泰半"。乍一看，我以为是错别字呢，然而转念一想，不至于会出现这么低级的错误，而且是两次。于是赶紧查询，百度上的解释是，犹大半、太半、过半数。出自《汉书·食货志上》："至于始皇，遂并天下，内兴功作，外攘夷狄，收泰半之赋，发闾左之戍。"颜师古注："泰半，三分取其二。"

原来如此。幸好我没有自以为是。《现代汉语词典》及《古汉语常用字字典》中均没有收录，是否有其他解释，尚不得而知，姑且以此为依据。

3. "辟支果"和"揭櫫"

读袁行霈《中国诗歌艺术研究》（北京大学出版社 2009 年版）第 96 页，作者以严羽的《沧浪诗话》为例，说严羽把诗划分为汉魏晋盛唐、大历以还、晚唐三个等级，以比附禅家的大乘、小乘、声闻辟支果三个等级：

禅家者流，乘有大小，宗有南北，道有邪正。学者须从最上乘，具正法眼，悟第一义。若小乘禅，声闻辟支果，皆非正也。论诗如论禅，汉魏晋与盛唐之诗则第一义也。大历以还之诗，则小乘禅也，已落第二义矣。晚唐之诗，则声闻辟支果也。

其中的"辟支果"，我未曾见过，不明就里。遂查询，发现百度上的解释：辟支果（bì zhī guǒ）是一个佛教语。小乘二果之一。系通过缘觉乘修得的正果。后用以比喻诗歌中成就较低者。

顺带还发现，并非所有人都赞同严羽的这一比附。清·钱谦益在《唐诗英华序》中说："严氏以禅喻诗，无知妄论，谓汉、魏、盛唐为第一义，大历为小乘禅，晚唐为声闻、辟支果，不知声闻、辟支即小乘也。"当然，我相信，袁行霈先生大概是赞成严羽的说法的。

又如，第 98 页上写道：

吴可的这首诗是融合了北宋所讲的"渐修"和南宋所讲的"顿悟"，揭櫫了学习诗歌创作的过程。

其中的"揭櫫"一词，我虽从未接触过，但"望文生义"猜想，大概是"揭示"之意，但不敢肯定，还是决定查询一下。百度上获得的信息：揭櫫（jiē zhū），是指标志，表明，揭示。出处有二：

（1）标志。章炳麟《文学说例》："前世箸述，其篇题多无义例。《和氏》、《盗跖》，以人名为符号；《马蹄》、《骈拇》，以章首为揭櫫。"（2）揭示；显示。孙中山《革命原起》："盖彼辈皆新从内地或日本来欧……予于是乃揭櫫吾生平所怀抱之三民主义、五权宪法以号召之。"李大钊《民彝与政治》："然代议政治之施行，又非可徒揭櫫其名，而涣汗大号於国人之前，遂以收厥成功者。"

原来，不仅有名词"标志"之意，还有动词"揭示、显示"，修正了我之前理解的偏狭，得其真意，则欣欣然。

其实，这是我们常用的读书方法，读书就是"涨知识"，正如《论语·阳货》所云："子曰：'小子！何莫学夫《诗》？《诗》可以兴，可以观，可以群，可以怨，迩之事父，远之事君。多识于鸟兽草木之名。'"

当然，上述几个词语有些生冷偏僻，即使不认识，对于文本的理解也无太大影响，解释字词完全不必胶柱鼓瑟——我可不欣赏老学究、孔乙己。何况，很多词儿已不属于"课标规定的常用字词"范围，随着时间的推移，渐渐少有问津者，甚至消失，是自然规律，就没必要再从故纸堆里讨生活了。

读书，于我而言，是自娱自乐的一种消遣方式，不喜欢囫囵吞枣的感觉，倘若遇到不认识的字词绕道而行，不是我的风格。陌生的知识，不轻易放过，保持好奇心，偶有收获，乃是意外的"副产品"，不亦乐乎！

我也不会要求学生读书时如此关注犄角旮旯、细枝末节——除非必要的斟酌词句，则需另当别论。

不过，我还是想到，语文学习中，如果学生能有这样的意识、习惯，该多好啊。有时布置学生预习，分明写清"遇到生字词，自行查字词典解决"，第二天朗读课文时，还是有学生被生字词卡住，尴尬地等待我的提示。这不过是个小儿科的学习方法，做与不做，足见其读书是否用心了。因此，我一般都会请任教班级的班主任配备两本工具书，以备不时之需。有时，还真管用。语文课堂教学中，我赞同随文识字；不赞成另一种做法：把陌生的字词从文本中拎出来，投影在屏幕上，装模作样地检查一下"预习情况"，领着学生读一遍"字音、词义"，好像就是"进行字词教学"。这种孤立"学习"字词的做法，不符合学生的认知规律，不在语境中去读字音、释词义，无非就是死记硬背而已。

我喜欢一边读，一边圈点勾画。有时，书上都被我胡乱地写满了批注，读了几遍，还会用不同的颜色以及波浪线、横线、方框、圆圈、箭头等种种符号标出，可能也只有我自己能看懂。

读整本书,先从教师开始

暑假里,读了徐飞老师读整本书《朝花夕拾》的课堂实录。我惊叹于徐老师的教学设计的同时,更从前后勾连、撮其精要的设计里读到了他对整本书的研究,绝非浮在表面,而是深入其中,至臻"出神入化"的境界。曾多次与徐飞老师接触,聆听他关于阅读的讲座,我甚为感叹:徐飞老师是一位"专家读者",上出这样的课,如苏轼《文说》所写:"吾文如万斛泉源,不择地而出,在平地滔滔汩汩,虽一日千里无难。"

受徐飞老师的启发,我把新教材中的"必读书目"重温了一遍。

如今,读整本书,已然成为语文课改新举措。我们看到,很多老师孜孜以求,探索教学方法;有负责任的老师使出各种围追堵截的手段,"威逼利诱"学生读书;各层次的课堂教学观摩、课题研究成果,如雨后春笋;中考高考,也应时而为,将整本书阅读纳入考试范围。

我有幸观察过一些公开课,读过一些论文,看过一些课题研究的成果,总觉得老师是一个旁观者,在岸边指手画脚,却缺乏与学生一起下水游泳的感同身受的共鸣,有些隔靴搔痒。像空头理论家一样,说不尽故弄玄虚的胡话、无关痛痒的套话、四平八稳的"正确的废话"等,却鲜有真知灼见。说白了,他们卖的是空葫芦,耍的是假把式。

有老师坦言,规定学生读的书,自己没有读过。

那么,如何指导学生"整本书阅读"呢?放任自流,抑或是祭出"考题集"的撒手锏?

我认为，要求学生必读的书，老师最好自己先读一遍。掌握基本的衡量标准，形成对作品本体的深刻研判，寻找到必要的学理支撑，教学生读整本书，才能有底气，有的放矢，对症下药。老师自己不读，教学就成为夸夸其谈、自以为然、看似专业，却始终不着边际、难以切中要害的游戏。搬弄别人读书的经验，贩卖给学生，就像纪昀《河中石兽》中所描述的"讲学家"一样，"但知其一，不知其二"而"据理臆断"了。这样的教学，看上去有板有眼、头头是道，最终"言之谆谆，听之藐藐"。

我达不到徐飞老师的境界，但我还算清醒，"虽不能至，心向往之"，并且努力着，让自己至少要成为一名"成熟读者"。

2019年高考结束后，浙江一位名师写了篇高考下水文，没想到被著名作家叶开一顿猛批。叶开先生还借此发挥了一下，"中小学语文教师百分之九十都应该回炉"，一时成为轰动语文教坛的热门话题。作为语文老师，倍感汗颜——也许我来写，还不如那位名师。叶开先生的话固然有些刻薄，不中听，但是，不可否认的是，指出了问题的症结，语文老师写出的文章，一副应试的腔调，倒是实情，确实让人觉得作文教学走进了死胡同。老师的写作水平，可能会被学生同质化，水准下降了。是不是我们的阅读视野逼仄所致？是不是我们的笔头笨拙所致？我们一方面对作文教学的应试病症口诛笔伐，一方面又活成了自己讨厌的模样。作文教学如此恶性循环，真是不幸。

20多年前，在一所乡村学校工作时，遇到一件事。一位老教师，"几十年如一日"任教小学一二年级。某一年，学校想请这位老教师任教三年级，结果他说："我只会教一二年级，三年级以上的题目我都不会做了。"尴尬和无奈，写在这位老师的脸上。有人戏称，一位老师长期执教一个年段，如果不学习，那么，水平可能就是这个年级的水平。细思极恐。

所以，现在要研究整本书阅读教学，语文老师，首先要读整本书。"手中有粮，心中不慌。"

暑假期间，应邀到一个地方去作讲座，我就提到了一个话题：老师自己读书吗？要求学生必读的那些书，老师自己是不是都读过？

也许，我们有太多的理由不读。且不说，读书对于个人的重要意义，也不论教师读书是否能考得过学生，单从教学的角度来看，读过之后，我们才能作为阅读先行者，对整本书的内容和艺术形式有比较透彻和清晰的了解，进而把握"教什么""怎么教""教到哪里"等问题，我们才能更加理解阅读的旨趣与艰难，才能更加理解学生的苦衷。

全国著名特级教师、锡山高级中学校长唐江澎先生在一次演讲中介绍道，他当初只是一个高中毕业生，被学校请去代高中的课，没想到，教得不错。有人就好奇地问他是怎么做到的。唐老师就告诉他，教学生之前，自己先学一遍，然后，把自己怎么学的经验再教给学生。就这么简单。唐老师的经历，很好地诠释了教学相长的教学原理。唐老师的"简单"，其实是"竹外桃花三两枝，春江水暖鸭先知"，胜过无数空洞的教育教学理论的说教。

语文老师自己不会读书，怎么教学生读书？自己不会写作，怎么教学生写作？

很多老师都听说过吴非先生一句"刺耳"的话："一所学校，最怕有一群愚蠢的老师在兢兢业业！"我承认，当初看到这句话时，我内心涌起了极度的不适感，被强烈震撼了，害怕自己就是吴非先生所指的对象。

于是，"吾日三省吾身"：

扪心自问：我是在愚蠢而又勤奋地工作吗？

提醒自己：忙得没有时间读书，其实是因为不读书才忙。

告诫自己：想要给学生一杯水，教师要有一桶水，而且，是一桶活水。

让我们再次回味《麦田里的守望者》中的一幅美妙的画面：

有那么一群小孩子在一大块麦田里做游戏。几千几万个小孩子，附近没有一个人——没有一个大人，我是说——除了我。我呢，就站在那悬崖边。我的职务是在那儿守望，要是有哪个孩子往悬崖边奔来，我就把他捉住……我只想当个麦田里的守望者。

别让心灵鸡汤败坏了读书的胃口

曾有一段时间,《读者》之类的文摘类书籍,流行畅销,有人曾把读《读者》视为小资情调之一,在各种消遣式的阅读情境,如火车上、飞机上、茶室里,也放上几本供读者打发时间。语文老师也不厌其烦地推荐阅读,甚至有老师有学校放言:只要拿着一本《读者》就可以上语文课了。言下之意,《读者》的作用,已可以取代语文课本而登语文课堂了。毋庸置疑,这些学校老师的做法,有开新风之意,但也不免有一些意气用事。固然,这些文摘类文章,大多数确实是励志好文,有的凡人琐事中见出情感真挚,有的以小见大中折射世间冷暖,有的只言片语中激起思维浪花……这类文章,摆脱了传统文章中那种一本正经、板起面孔进行道德说教的刻板模样,以励志的面孔,输送的是一种正能量,让人可亲可感,让人总觉得这个世界温馨美好,纤尘不染,因而人送雅号:心灵鸡汤。

心灵鸡汤类的文章,有一些共同的特点。比如,作者往往喜欢诉说别人的故事,文章的开头或结尾,或某个部位,总会有类似的语句:"乔布斯曾经……","华盛顿小时候……",说白了,还是"名人开会"式,故事结束后,不忘稍微发点自己的感慨,一篇文章就新鲜出炉啦。正如朱自清《经典常谈·诗经》中所说:"有了现成的歌儿,就可以借他人酒杯,浇自己块垒,随时拣一支合式的唱唱,也足可消愁解闷。"

初读之时,有眼前一亮之感,但读之越多,越感觉风格之雷同,情节之相似,都有一种隔靴搔痒的意味。这多少与我们学生写作时的要求"真情实感"相去甚远,毕竟是在讲述别人的故事,作者、读者往往充当的是一个看客,很难把自己放进去,进行换位思考,最多也就是像识字不多的老太太追着看国产电视连续剧一样,被感动而左抹一把眼泪,右抹一把鼻涕,抖落一地鸡皮疙瘩,发出几声叹息。大凡写作者都有一个体会,最难表达的往往是自己的情感,更不必说拿捏的分寸、言意的一致、读者的信任,因而古人有"吟安一个字,捻断数茎须"(卢延让),"满纸荒唐言,一把辛酸泪。都云作者痴,谁解其中味"(曹雪芹),"两句三年得,一吟双泪流"(贾岛)。春晚小品《卖车》里有一个脑筋急转弯,问:"青春痘长在什么地方不让你担心?"答:"长在别人的脸上不让你担心。"这句台词至少告诉我们,说起别人的事儿来,很容易做到取舍从容,进退自如,潇洒豁达,再生发点不痛不痒的感慨,最为简单易行。

从最实用的角度来看,读书有时需要为学生的写作提供一种可以模仿、参照的范本,而这些以转述别人的故事为基本格局的文章,给学生带来的负面影响也不容小觑。我们经常会发现,一些学生写作时,喜欢在开头来一句"我在某本书上读到一则故事,这个故事是这样的……",或者说在电视、电影中看到什么,这个故事告诉我们什么。然后开始大段大段地转述这个故事,到文章结尾,再添上一句:"这个故事告诉我们……"显然,鹦鹉学舌、人云亦云、拾人牙慧、嚼别人嚼过的甘蔗皮、两脚书橱、掉书袋,都不是我们写作教学的最终目的,也不符合学生习作的最低要求。

心灵鸡汤类的文字,字里行间总是渗透着或淡或浓若隐若现的情感情绪,温馨的、甜蜜的、浪漫的、伤感的、痛苦的……总之是"草色遥看近却无",看似熨帖心灵,抚慰精神,像生活中的鸡汤一样,有滋补效用。过多的粉饰太平,只是一种自我安慰,一种没有理性的情绪化表达,然而,我们知道,生活是本色的,酸甜苦辣咸乃是生活的真滋味,都需要品尝;一日三餐,正常饮食才是良策,一时之补,只是特殊之需,绝非常态,更不可取代主食。不能只盯住一种口味胡吃海喝,还要广泛涉猎,合理搭配,均衡营养,才能健康成长。如果一个人一日三餐都是鸡汤灌之,把鸡汤当饭吃,恐怕喝多了是要反胃的,非但于身体无补,反而会糟蹋了身子骨。学习语言文字的运用，亦是同理可证。语文学习，常常就是读书的另一种表达，其目的在于，一是学习别人个性化表达思想情感的方法，二是能用更个性化的语言表达自己的情感。阅读要能内化为自己的语文基本素养，阅读的视野只听凭自己一时"口感"而拘于一种，只读自己喜欢的，只学习自己喜欢的，沉醉于心灵鸡汤中，一个人的阅读胃口会被败坏的。读什么，怎么读，在自由阅读状态下与在教育教学情境下的阅读，也不可"一视同仁"。

说到这儿，有读者一定会问：那么，这样的文章就不能读吗？我的回答是：相比不读书而言，读心灵鸡汤已经算是进步了——总比活活饿死要强，尤其是一些不喜读书者，语言文字功底薄弱者，精神缺钙者，不妨一补。

但是别忘了，你的碗里不能只有鸡汤。

对名著中的"少儿不宜"不必杞人忧天

有网友问我:您认为要在孩子心中"种下阳光的种子",那么,名著中总有一些"少儿不宜"的东西,是不是就禁止学生读这些书呢?

我的回答是,当然不能因噎废食。

名著不但要读,要广泛地读,还要认真地读。

首先,名著固然是名著,也并非十全十美。也有可能因为时代的、民族的种种因素夹杂着一些糟粕——其实是不同读者从不同的角度去理解吧。比如,有人认为《水浒传》中有暴力和血腥,《红楼梦》中有性描写,《威尼斯商人》中有种族歧视等。我一向不太赞同让中小学生"读经"的做法以及设置"国学"课程之类的提法,也是基于这样的思考。中小学生只是"学生",不是"学者",不必囫囵吞枣地背《论语》,读所谓的"三百千",因为经典名著里面有些内容确实已经不合时宜。将《论语》奉为经典,也不一定照单全收。靠"读经"来拯救道德滑坡,无异于痴人说梦。况且春秋时代的孔子也发出今不如昔的喟叹:"周监于二代,郁郁乎文哉,吾从周。"历史的长河是不会倒流的。国家教材选取经典名著中的部分篇章语段让中小学生读读学学,此种做法比较妥当。

名著固然有不足,但瑕不掩瑜,不能据此而禁止学生读名著。王蒙说:"四大名著是伟大精华果实,但也含有糟粕。而且不仅中国的四大名著,外国的一些名著也一样。其实我也早写过《三国演义与前现代》的批评文字,但我并不因为《三国演义》的英雄观与当代的观点大相径庭而抹杀这部小说。不准谈糟粕,有点傻。发现了一点糟粕就否定,有点浑折腾。"

让儿童尽早亲近经典著作,是促进儿童精神成长的重要手段,这一点毋庸置疑。所以,统编教材的编写思路就是"教读+自读+课外阅读",而课外阅读就要提倡孩子们"读整本书",此项研究者有如过江之鲫,这里不赘述。

其次,经典作品中可能夹杂着一些"沙子",影响孩子们阅读吸收,这个时候,教师的指导就显得责无旁贷。整本书阅读,或名著阅读,并非老师和家长捧着一大堆书,往孩子面前一放,然后告诉他:去读吧。放任自流,不加辨别,没有指导,这样的读书是"傻读",是"读死书""死读书"。

老师的作用在于引导、启发,让学生学习"取其精华,去其糟粕"。虽然不一定会立马做到,但可以慢慢地去努力。细细读过的人都知道,《西游记》里不只有"修持""菩提""元神""禅心",不只是蕴含着浓重的佛教色彩,更有团结协作、不惧艰险、共克时艰的乐观主义精神;《水浒传》里不仅有打家劫舍,落草为寇,更有肝胆相照,忠义相守;《三国演义》里不仅有权术心机,尔虞我诈,更有大江东去,光风霁月;《红楼梦》不仅有悲情乃至关于性描写的段落,更有深刻的思想、精美的文字。因而,教师指导学生读《西游记》,不仅要看到禅心佛教,更要关注孙悟空的本领,关心那根神奇的金箍棒,关心孙悟空如何打妖怪,关心大大咧咧、好玩贪吃的猪八戒,关注唐僧历经九九八十一难的矢志不渝。学生读《三国演义》,会接触到尔虞我诈的计谋,但更要关心英雄的故事、战争的惊险,以及"桃园结义""舌战群儒""草船借箭"等生动精彩的场面。学生读《水浒传》,会接触到打家劫舍、占山为王,但是会更关心武松打虎的英雄豪情。

除了读到名著中的"精华"的精神要义之外,老师还应引导学生从"学语文"的角度去打开学生的阅读视角。语文素养优秀的学生,无不得益于大量阅读。而阅读时的关注点,就不仅仅在于主题、内容和情节,还有取之不尽用之不竭的语言表达。所谓"学语文",不仅要知道"写了什么",更要知道"怎么写",就是讲的这个道理。经典作品中的重章叠句,音韵节奏,因声求气,春秋笔法,刻画人物的语言、动作、神态的描写,小说波折的设置等，都是学语文时开掘不尽的宝藏，如果学生耳濡目染，咀嚼玩味，浅吟低唱，能拿来"为我所用"，于语文学习而言，真是善莫大焉。

汉代刘向说："书犹药也，善读之可以医愚。"意思是：书就像良药，好好读书可以（像医病那样）医治愚昧。当然，不善读，则可能成为罗家伦先生所说的那样："世界上有不少学问渊博的人，可是食古不化，食今亦不化，不知融会贯通，举一不能反三，终身都跳不出书本的圈子，实在说不上智慧二字。这种人西洋便叫做'有学问的笨伯'（a learned-fool），在中国便可称为'两脚书橱'或'冬烘先生'。"

要让旷野不长满杂草，就在旷野种上庄稼；要让人的心灵不长满杂草，就让美好的品德去占领它。我们大可不必对名著中的所谓"少儿不宜"杞人忧天。如果学生的内心开始滋生杂草时，不要想办法去除掉他们，而要用更好的阅读，在他们的心里播下一颗种子，让他们的心灵长满黄灿灿、沉甸甸的五谷。

我为什么不要学生读"优秀作文选"?

经常有家长问我：孩子作文写不好，要不要给孩子多看看"优秀作文选"？

对此，我的回答是：偶尔看看可以，但不必作为范文来学习。

学生只有阅读有品质的书，才能给写作以无穷的滋养。其他的且不说，如果能把课本上的那些经典作品中的技法真正掌握好了，主题理解真正丰富了，写好文章应不在话下。这也是一篇篇课文要慢慢教和学的原因之一。我们都要扪心自问，是不是已经把课本都"真正"学好用好了？问题是，这些经典文章，却常常被当作"课文"一学了之，肢解成一个个杂乱无章的题目，应付几个阅读理解的考点，似乎就万事大吉了，这不仅是对经典文本的戕害，也对学生从阅读中启迪写作路径有悬置的嫌疑。倘若囫囵吞枣，不求甚解，浅尝辄止，就将课本束之高阁，那么，课本的作用就像鲜花送到牛唇边。其实，我们可以据此梳理出若干写作方法。试想，要想立意有深度，揣摩揣摩鲁迅，眼界就高远了；要想描写有技法，模仿模仿朱自清的《春》，几乎可以囊括；要想构思篇章结构，借鉴借鉴宗璞的《紫藤萝瀑布》，便可知首尾呼应；要想情感产生波折，体会体会季羡林的《幽径悲剧》，就懂得文似看山不喜平；要想学习细节描写，细读《孔乙己》中的"手""排""摸"，就不会追逐空洞的"大手笔"，而会从小处着手；要想掌握侧面描写，那么《口技》中宾客观众的表现不是最好的范本吗？

我不否认，"优秀作文选"中确有优秀作文。但在教学中，我之所以从来不提倡学生看"优秀作文选",是因为在我看来,学生作文中的某些"学生腔",正是要努力摆脱的。

我所谓的"学生腔",有这样几种表现:

一是"为赋新词强说愁"。

有学生写《这里也有快乐》,写"做手术也有快乐",我觉得莫名其妙。一位基础较好的学生跟我辩解,确实是有"快乐",因为她喜欢闻消毒水的味道,喜欢看白大褂,喜欢住医院的病床……这个孩子倒竹豆般,连续说了好几个"做手术"的好处,我一下子被震晕了,这不合常理啊。

一次,黄厚江老师在作文课上委婉地指出了学生作文中的一个问题。有一学生写"扫墓也快乐",而且还振振有词,说是确实喜欢,并上升到"生命"的高度。黄老师就告诉这位同学,作文需要"接地气",不要凌空蹈虚。

有的学生写作文,家人就是一个彻彻底底的悲情人物,他的爸爸被写"死"了,唯一疼爱他的爷爷也被写"死"了……

还有学生,总是喜欢借他人酒杯浇自己块垒,特别钟情柳永、李清照、林黛玉、虞姬等才子佳人,这些古代小资,每个细胞都是他写作时的"下酒菜"。

我不得不告诉孩子,抒情也要基于"人之常情",不能"为赋新词强说愁"。

有人误以为,写作文就一定是"高大上",其实生活中哪有那么多重大重要的事情。我告诉学生,作文不是自娱自乐的"自由创作",不是日记本上的自我宣泄,是在规定时间内完成规定内容,要写给人看并且要考量分数,要顾及阅读者的一般感受。而借助鸡汤文字来泛滥抒情,其实是思想贫乏的表现。

二是"文艺腔"。

请看这样的文字:

薄衫相挽,清雨微朦。彼时花开,淡白倾城。于我所好,更青睐于晚间漫步。漫步,是心灵的自由,淡澄的月光,可以洗净皮囊世俗的铅华,让杂乱无章的神经递质变得舒缓而和谐。晚间，有的莫过于清风水波，楼台亭榭间，黑瓦白墙处，灌木丛生前，微闻摇摇曳曳的芬芳，牵染着明澄的情愫溢散在腔肠，静看春月繁华的温柔谢幕，却不觉月光韶华，层林尽染。月，挥洒着秋水般的银光，领着我漫步池畔，一切都似水洗过般的清亮，天幕间凝滞的零散繁星掩映着一个匆匆奔跑的虚影，云彩蒙蔽了月光，喧闹声渐渐明朗，一群嬉戏的儿童奔跑在林间，悦耳的笑声萦绕在耳畔，在风中忽远忽近，忽大忽小，伴着细碎的踩水声，化作了风本身。也不知何时，林间掺杂着些许绿黄色的光点，或是叶间，或是雕栏之上，是从未有过的明朗，我本想伸手触碰，却怕被炽热的光源灼伤，只是静待一旁，观其变化。

这是我摘录的一段学生作文。初看之下，是不是有种怦然心动的感觉？继而会不会又拍案叫绝？那么，请告诉我，总共500多字的文章中，这近400字到底想表达什么？

北京大学中文系副主任、博士生导师漆永祥对2016年"创新作文大赛"进行解读时指出："我经常跟中小学生讲，作文不是炫技之所，不是滥情之地，作文是一个人语文素养与能力的集中体现。"（《中国教育报》2016年9月7日第12版）北大教授、原中文系主任温儒敏曾在《羊城晚报》发表文章，建议语文老师"写作教学尽量避免'两不'：不把'文笔'当做第一要义，不教或者少教'宿构作文'"。温先生指的作为"第一要义"的"文笔"就是"文艺腔"。所谓"文艺腔"，温先生指出有这么几个共同点：多用排比、比喻；喜欢洋洋洒洒列数古今人物典故名言，显示有"文化底蕴"；堆砌词藻，走华丽的路子，大话空话多，炫耀文笔，很少是朴实、清晰、亲切的一路；预设开头结尾，彼此雷同。（《羊城晚报》2012年9月23日）

文艺腔太足，其实是文风不正的表现。这些文字故弄玄虚，东拉西扯，要把这些虚张声势的文字挤干水分，留下一些干货。

对于喜欢文艺腔的学生，我的建议：一是肯定他（她）在语言文字上的用心用力，肯定其在阅读积累上的高人一等；二是要关照其从华而不实的辞藻堆叠中走出来，用清新真挚、朴素雅洁的语言（切忌生造词语），用当代题材与现实生活中的所闻所见,写自己所思所想,而不是杜撰遥远的"故事"或虚无缥缈的抒情,或者无心无肝地空发议论和赞美时代。

我们作文教学的第一要务是文通字顺,有一定的思想内涵,然后才谈得上其他。文学性、文笔等,不是作文教学的第一要义。学生的作文,要少一些文艺腔,多一些智性表达。

三是"套路化"。

有一次,我请学生读自己的作文。第一个学生读到自己的作文,写的是"雨中送伞",第二个学生还是写的"雨中送伞",第三个学生说:"老师,我就不读了吧?因为我也是写的'雨中送伞'。"学生听了都笑了起来。

刚接手初一时(现在还有),学生的作文中,大面积出现"番茄炒鸡蛋""半夜去医院""雨天来送伞"这三大主题,无论出什么样的题目,学生总能绕到这些主题上去。套路不是一般的深啊。现在扩展了,学习一种乐器,训练游泳,跟着父母跑步,钓鱼,下棋,做义工……无论什么素材,什么格局,只要有一篇佳作问世,那么仿作者便如过江之鲫,每次考试下来,阅卷老师都发现很多文章似曾相识。学生们看透了作文的某些套路程式,认为无非就是所谓信心、希望、信任等一套不变的主旋律,如碰到"成功"或者"挫折"之类的题目,将平时准备好的那些素材套路往上一套,开头结尾点点题就可以了。于是有的学生考了高分,也看不起自己,"喜分数之高,悲文章之差",知道就那么回事。有些学生慨叹:"长期写着华而不实或者自己都难于相信的文章,又何来心灵的慰藉与净化?"

就我所知,那些作文冠以"优秀"或者"满分"的小作者们,在介绍经验的时候,往往都会说,是读了大量高品质的作品而日积月累的,是因为勤于练笔而"妙手偶得之",却鲜有学生说自己是读了"优秀作文选"而写出好文章的。道理很明了,"取法乎上,得乎其中;取法乎中,得乎其下"。我希望学生能从大家作品中学习语言文字表达和汲取精神养分,而不是沉浸在学生腔中"近亲繁殖",不能自拔,毕竟,萝卜烧萝卜还是萝卜。如果烧萝卜加一些排骨,汤味儿就不一样了。有些情形更令人哭笑不得:有时老师读到一篇赞叹不已的好文章,就在我们为之击节赞叹之时,突然发现小李和小赵两位同学的作文一模一样，一字不差，甚至连文章的题目都一样。原来，他们的作文都是从某本"优秀作文选"上抄的，还很悲剧地抄了同一篇……

所以，我觉得"优秀作文选"中的好文章，偶尔看看是可以的，但不应沦为作文"学生腔"套路而作茧自缚。过分依赖，一味模仿，甚至背诵出来以一篇应百篇，都不利于健全的情感与人格的培养，还可能养成说空话大话的弊病，败坏学生语文学习的胃口。

对我影响最大的一本书:《给教师的一百条建议》

我十分敬佩在文章中能够旁征博引教育名家名言的人,在我看来,拥有这些"理论论据",是作者阅读深广的体现,映照出我阅读史的浅薄来。对这些"理论论据",我只有艳羡的份儿,因为我几乎没有读过真正的原著。虽然自己在一些文章中也煞有介事地引用了诸如朱熹、蔡元培甚至亚里士多德、夸美纽斯、裴斯泰洛齐、赫尔巴特、杜威等人的言论,但惭愧的是,自己以前从未读过这些人的著作,文章中引用的只言片语,纯粹是贩卖而来,道听途说。为此,我还像模像样地搞了个"名人名言录",里面摘录了大量的教育教学"名人名言",如果您要问我这些东西是从哪里来的,那我只好不打自招:都是从别人的文章中转录的。至于真与假,完整与片断,我无从考证,也无力考证。

这些被引用的名人名言中,苏霍姆林斯基和他的那些言论,常常出现在各种论文、教育教学的专著中,想不记住都难。

其实,我第一次接触"苏霍姆林斯基"是在30多年前。

读师范的时候,有一位同学在演讲中,引用了苏霍姆林斯基的一句话(至于是哪句话,早已经忘记),当时就把我震住了,我才知道世界上有苏霍姆林斯基这个人,并认定演讲者才华横溢。我敬佩的同时意识到自己的无知。就因为引用了这一句话,我就一直认定这位同学是个才子,他的演讲,也成了我从事教育工作中的一个不可或缺的"关键事件"。我忽然明白,做教师,不仅仅是天纵其能,更是要后天学习修炼的。以后阅读教育教学文章的时候，每每看到"苏霍姆林斯基说过……"的字眼，就更加对这位世界瞩目的神奇人物充满敬佩，几至狂热崇拜。

然而，从教很长时间，由于条件的限制，图书的匮乏，我压根就无缘一睹《给教师的一百条建议》的真实面目。所知道的苏霍姆林斯基，基本上就是从别人那儿得来的零星语录。可以说，一个并不清晰的苏霍姆林斯基和他的著作，极大地刺激了我的智力征服欲——我渴望抵达事物的本质。那时读得少，却丝毫抑制不住生命力从内心升腾。

1996年，在南京读书时，一位舍友炫耀说，他有一本已经发黄了的苏霍姆林斯基的《给教师的一百条建议》。一种强烈的占有欲涌上心头，我马上和他套近乎，常常借来阅读，爱不释手。久而久之，就想夺人所爱，据为己有。我从暗示到明索，可惜这家伙就是不肯送给我。我发动全宿舍的同学进行游说，动之以情，晓之以理，软磨硬泡，死缠烂打，最终，以我请全宿舍的同学在小餐馆里搓一顿为代价，将这本我渴望已久的书收入囊中。其实，花去的人民币远远超过一本书的价钱，但我暗自窃喜，觉得物有所值。因为那时的图书资源尚不丰富，书店里还无法买到。

多年的夙愿一朝得偿，喜不自胜。读这本书，我是用心的，摘抄了整整五本的笔记。关键是对我的教育思想和行为都产生了深远的影响。我在教育上遇到问题，常常就会到这本书上去寻找答案，解决迷津。比如，苏霍姆林斯基重视阅读，如何走进学生的心灵，学生负担过重的问题，怎样研究和教育学习最差的学生，如何让学生热爱你所教的学科，和谐教育等，至今依然闪烁着光芒，指引着我。我教育上的很多想法和做法，教育该做什么，不该做什么，其思想源头都来自苏霍姆林斯基，而且实践证明，跟着苏霍姆林斯基学做教师，没错。说实话，从教几年后，我有一阵子对教育的理解几乎停滞在"管好学生"的简单粗暴上，甚至会觉得，我就这样延续下去，循环下去，一定也会成为一个经验丰富的老教师。读了苏氏文章之后，我才懂得，真正的教育是把"人"的旗帜竖在心中。我坚信，做老师，绝不能工作一年然后重复30年。对于苏霍姆林斯基所提倡的教育境界，我可以说虽未能至，但心向往之。

《给教师的一百条建议》是我第一次整本阅读的教育类著作，是对我影响最大的一本书。阅读它，使我对苏氏的教育教学思想，有了比较具体真实的了解。后来，我果断地抛弃了碎片化的"摘录本"，在书橱里添加了一本本名著，杜威、叶圣陶、夏丏尊、孙绍振、王荣生……漫步在大师的原汁原味的语言丛林里，我充分体会到"迷恋人的成长"的教育工作所具有的复杂性和实践性，也懂得了教育理论超越了教科书版的几本教育学心理学所能涵盖的博大精深。理论是灰色的，而教育之树常青。

而今，很容易在书店买到苏霍姆林斯基的书，琳琅满目的教育类书籍早已走入寻常百姓家，只要你愿意，随时都可以捧读。但我仍然觉得当年花"大代价"换来的这本书更值得珍藏。

后来，教育科学出版社新出了一套苏霍姆林斯基的五卷本，我毫不犹豫，一下子购齐，细细研读，对苏霍姆林斯基的教育教学思想体系有了完整的了解。

据我有限的观察，至今教育上的很多问题和解决办法，都没有超越苏霍姆林斯基的洞见。在很多地方，只要有机会，我都会竭力给青年教师们推荐这本书——《给教师的一百条建议》。

很多书，我看不懂

经常有老师问我："梁老师，我也喜欢读书，但是，很多教育教学理论的书，我看不懂，怎么办？"我笑着说："看不懂很正常啊，有很多书我也看不懂。"看不懂的原因有很多，可能与阅读经验有关，更多的可能是与实践经验有关。缺少这两点，肯定是无法与书籍产生共鸣的。

这个话题再次引发了我对教师读书的一些思考。

扪心自问，我算是一个比较喜欢读书的人。我喜欢读点哲学、文学方面的书，当然，读得最多的还是教育教学类的书。像苏霍姆林斯基、叶圣陶、陶行知、杜威、雅斯贝尔斯、佐藤学等人的著作，我都收藏而且认真地读，也能读得下去；还有教育主管部门的杂志即所谓官方杂志，如《人民教育》《江苏教育》《中学语文教学》《语文建设》《语文教学通讯》《中学语文教学参考》《教育研究与评论》等，虽然不可能每篇都细细阅读，也基本是每期必翻阅的，自己喜欢的文字就细读，涉及理念层面的多读多思，停留在技术层面的文字不多留意。这些书刊，于我而言，没有任何阅读障碍，并不难。读的时候，常常会结合自己的教育教学实际有所思有所感。并且，我也时有一些文字在这些刊物上发表。因为喜欢，仿佛有"绿衣捧砚催题卷，红袖添香伴读书"的感觉。

有些书堪称经典，需要经常读。像《论语》，雅斯贝尔斯的《什么是教育》，苏霍姆林斯基全集（至少要读《给教师的一百条建议》）等，属于基本阅读篇目，对我从教有着深远影响，我都读过三遍以上，而且随着从教时间越来越长,越"于我心有戚戚"。作为语文老师,《叶圣陶语文教育论集》则是手头必备的,是语文教学的有力支柱,是滋养语文教师的源头活水。不要看现在语文教改山头林立,大旗猎猎,众说纷纭,其实都没有超越叶圣陶、吕叔湘、张志公等人"那一代"的建树。有时我有种感觉,语文教学的问题,其实"前人之述备矣",只是时代不同,样态变化而已。百年以降,语文人前仆后继,为语文教育竞折腰,却常常感慨,语文教学之难难于上青天。何哉?盖我们所讨论的问题,常常并不是语文教学本身的问题,而是与语文教学有关的问题罢了。或许,很多问题还需要更多的时间来不断探索,比如学生不读书问题,至今并未得到有效突破;比如语文教学的"少慢差费"问题,几十年过去了,涛声依旧。

有些书读得比较酣畅,一气呵成。潘新和先生的《语文:表现与存在》当属此类。他明确提出,要给语文教育洗去百年铅华,吸纳近世学术之成果,革故鼎新,发动传统语文学理的当代转换,由"外部"的语文教育学转向"内部"的语文教育学,以"言语生命"作为语文教育的核心概念。孙绍振先生的文本解读系列如《文本细读》《月迷津渡》等,犹如在黑屋子里点亮了一盏灯,为语文教师的文本解读带来了一线光亮,至少让我明白,文本解读,不再是照搬教参、网上百度或者是人云亦云,而是以语言为缰绳,引导学生走进语文学习的殿堂。我们常说语文教学"少慢差费"。根子在哪里?似乎没有多少人能够给出一个令人信服的回答。阅读这些学者的理论,为人打开一扇窗户。

有些书可以现学现用。莫提默·J·艾德勒和查尔斯·范多伦的《如何阅读一本书》与约翰·D·布兰思福特的《人是如何学习的》,是从名家讲座中听说的,买来一读,发现一些观点挺实用的。可能是思维方式的差异,我无法在自己的头脑中建构起清晰明朗的图式。余映潮先生的系列语文教学论著,尤其适合初入职的教师学习和模仿,先入格,靠谱,然后才能站在这些巨人的肩膀上,摘取属于自己的星星。黄厚江先生的系列语文教学著作,则启发我们思考自己的教学风格,提炼语文教学的主张,形成一个与众不同的自己。他说,一个教师要形成自己的教学主张,至少要有十个课例作支撑，给我的启发颇深。黄老师是我的偶像，我觉得做语文老师就要做黄老师那样的，外表朴实，笑容纯净，志趣单纯，做派真实，内涵深刻。读黄老师的著作，我感受到，语文教学不仅是技术，更是一种艺术。教学境界至此，夫复何求？

有些书，读起来比较吃力，但是稍微用心点，基本上可以读懂。如果要推荐的话，我觉得多读一读这样的书。比如，柏拉图的《理想国》，对话的形式，虚拟的情境，辩论的机锋，零散的片段，比较烧脑，只能说大致理解。《瓦尔登湖》的阅读需要看心境，在合适的时机，拿出来读几段文字，我从不勉强自己从头到尾读完。《生命不能承受之轻》，确实有一定的启发。读这样的书，虽然再也找不到与古人的"沐浴焚香，净手煮茶"相吻合的场景，但可以肯定的是，静下心来，方可有滋有味；否则，完全可以拿报纸副刊上的小文人散文或时文选粹之类的去消遣消遣。——浴室里搓澡的和路边修鞋的都可能是这些书的读者，用冯巩的话来讲是"相当凑合"。王荣生先生的关于"语文教学内容的确定"等系列，值得一读，却需要结合自己的教学实践时时反思，需要自我否定的勇气，才能有所增益。在语文教育"乱花渐欲迷人眼"中，王荣生先生敏锐地发现语文教学的症结所在，提出了"教什么"比"怎么教"更重要的观点，我以为是语文教学的一次拨乱反正。在所有杂志中，上海的《全球教育展望》内容比较深，比较前沿，跟杂志名一样，与世界接轨。《课程·教材·教法》基本上是大家论坛，透过这本杂志，可以了解中国教育科研的最新动态并窥见风向标。坦率地说，读这些书，也只是知道，好读而不求甚解。这一类的书，大致属于"跳一跳，摘得到"的层次，阅读时，需要超越现实的智力挑战；读完之后，还是有些收获的，尤其能有高峰体验。读书如饮食，是要讲究品味的。流连于浅阅读、快餐化阅读的人，如经常吃垃圾食品一样，是会败坏阅读口味的，思想也自然会失之肤浅，表达也粗鄙野蛮。

基本看不懂的书太多了，我的处理方法是，试着读一读，实在读不下去就放弃。像张华教授所送的《理解教育》，那么多的外国教育学者名字，我几乎都叫不出来，一个接一个的注释，搞得我都怀疑那些人是否真实存在

（当然是笑话），随处可见的英文单词，又打击了我的自信心。我没有那么多的阅读经历，研究层次不匹配，缺乏与之对话的资本，很难读下去，勉强读了几页，便束之高阁，任由灰尘洒满封面。真是对不起张教授。钱钟书先生的《谈艺录》和《管锥篇》也是如此，好用繁体字，语言深刻，典故连连，像掉书袋，需要随读随查，否则根本无法连续读下去。浅薄如我，只是偶尔心血来潮时读一两篇，并自我安慰，不是做文学文化研究的，浅尝辄止就算了。我知道，这世界上，有很多书我读不懂。萧乾把阅读比作读者与作者的经验汇兑，他说："如果在你的经验库里没有那些现款，纵想感觉，也仍难兑现。"

读不懂的书，还有可能是书本身的问题。这一点不用怀疑。一位名家说过，有些外国书读不懂，不是因为你读不懂，而是书翻译得不好。是的，佶屈聱牙，至少是语言运用、思维表达的习惯与中文习惯不一致。这就不能怪读者了，我们还是要有这点阅读自信的。

我们常说，多读书，读好书。其实，这句话要辩证看待，开卷未必有益，不是所有的书都值得去花时间的。朱光潜说："我不能告诉你必读的书，我能告诉你不必读的书。"至少有两类书不值得读，一是过于浅显的，与我的水平差不多的书，不必重复自己的已知，还有一些毒药型的心灵鸡汤文字；二是"跳一跳，够不到"的书，也不值得读。待到自己水平可以"站起来"能与作者和书籍对话时再读不迟。我不喜欢一种情况，书没有真读，却喜欢摘录只言片语，满口都是高大上的"基于""视域""范式"，或者是引用一些半生不熟的术语，把简单的东西说得玄乎玄乎的做法。

我读书不多，但我可以说是"怀着爱与敬重的阅读"。

读书说得漂亮一点，是一种精神上的享受，是一种个人修行，是一种自我救赎，是一种确认自己存在价值的事情。

需要说明的是，各种习题是不能算"书"的。语文老师如果只想如何提高学生考试成绩，那么，大可不必考虑读书的事儿。因为在当下，不读书一样可以考出不错的分数。

教师为何要读经典？

中国是一个讲究经世致用的国度，什么事儿都要问问"是否有用"。读书，也不例外。

一位年轻老师问我要不要读书。我笑着对他说："最好不要读书，因为读书之后，就会懂很多东西，懂很多东西后会思考，思考之后就会痛苦。"哲人有云：人类一思考，上帝就发笑。鲁迅先生说，人最大的痛苦就在于梦醒了无路可走。

何苦呢？这不是自寻烦恼吗？干脆啥也不懂，倒也没有痛苦。你就成天埋头苦干，还可以被称为"劳模""踏踏实实的老黄牛"，只是，不要伤害到别人就可以了。

这当然是笑谈。作为教师，读书还是有必要的。

阅读提高品位。一个人的阅读史，就是一个人的精神成长史。南宋诗论家严羽《沧浪诗话》有云："学其上，仅得其中；学其中，斯为下矣。"读者之间审美情感的区别，一是有无，二是高下。教师也是如此。有的教师不爱读经典作品，对经典美极其陌生，这说明他们没有什么审美情感；有的教师不爱读经典作品，只读通俗作品甚至是庸俗作品，年深日久，势必造成审美情趣低下，精神境界低下。有些教师，对于电视连续剧中的人物如数家珍，却对国内外知名的教育家说不上几个人来。温儒敏先生说："读经典是'磨性子'，也是思想爬坡，虽然有些难和累，但每上一个高度，都能有所收获。"有些老师也爱读书，但只是出于消遣性质，读一些文摘之类的书报。

长此以往，必将导致阅读品位低下，自己的头脑中永远装着别人的思想，成为别人思想的跑马场。而无数优秀教师的成功都告诉我们一个真理，爱读书的教师，会自然形成一种气场，所谓"腹有诗书气自华"，一举手一投足，就能看出他读过书。

读什么呢？我认为，教师至少要读三种经典书：

要读文史哲经典——跳出教育看教育，摆脱匠气，增益灵气。

要读教育心理学经典——使得我们的教育行为和观念符合一定的科学规律，而不是蛮干，少一些粗野的戾气，少一些急功近利，少一些世故庸俗。

要读一些学科教学经典——让我们的教学有品质。

一个不读书的人，也许可以"混"到一官半职，但绝对是一个金玉其外败絮其中的俗不可耐的人，他的同事、学生、领导不会因他而有幸福感，相反，会导致倒退。他（她）只会蛮干并且也干得很苦很累。20多年前一位领导曾在酒后对我说："你读书多有什么用，我不读书，但你还不照样受我管？"一位新晋学校中层的年轻干部，亲口对我说："没觉得读书与不读书有什么区别，我不读书，不也'混'得蛮好吗？"

人们常说，一日不读书，便觉得面目可憎。作为老师，应该有这种自省、自知意识。

时下有一些所谓的"举措"常常令人匪夷所思：教师要靠名人来开列书单，教师读书要靠行政来考评。

做教师的读书原本就该像呼吸一样自然，做学生读书的楷模，所谓身先垂范，不过是常识而已。可是，现在教别人读书的人，竟然自己都不知道该读什么书，读书竟然要搬出某个名人来劝导，甚至以行政推动，考核评估。莫非老师的常识也没有了？我一直反感"建设书香校园"之类的口号，书香，原本就应该是学校的雅指，没有书香，还能称为学校吗？

过去，上学俗称"念书""读书"，老师们也都说要学生读书，可是，扪心自问，教师中有几人读书呢？

由中国新闻出版研究院组织的第九次全国国民阅读调查显示：2011年我国人均读书仅为4.3本，远低于韩国的11本，法国的20本，日本的40本，更别提犹太人的 64 本了。中国是世界上人均读书最少的国家之一。这样的统计，只要百度一下，就会知道。我相信这些数据的背后折射出的问题大家都心知肚明。

毋庸置疑，在一个急功近利的时代，读书写字，实在是一件奢侈的事儿。古今中外，关于读书的名言警句有无数条，人们似乎也能脱口而出。但是真正愿意去做的恐怕就没几人了。如今教育恨不得再来一次"大跃进"，谁有闲情雅致坐下来读书？不用说老师自己不读书，据说，还有些非语文学科的老师也认为读书无用，自己不读书，甚至连学生唯一的去图书馆借书的机会，也以种种理由占用，因为读书并不能很明显地带来考试分数的提高，教育需要快出成果，立竿见影，谁有心情来"静静等待花开"？什么"十年树木，百年树人"，现在最好是一个月就要出成果，要不，"日日清、周周清、月月清"怎么会大行其道，被那么多领导认为是制胜法宝呢？有一段时间曾有"建设书香校园"之说，仔细看看，也不过是为了做台帐，拍几张图片，搞几个征文，在各种评比的计划总结中不至于空洞无物而已。

是的，不读书并不影响考试成绩，也不影响仕途政绩，如果用经济杠杆来衡量，更是一件不符合市场规律的事，因为你的投入未必就有高额的利益回报。

不读书的板子也不能完全打在教师身上。的确，有时非不为，乃不能也。目前很多老师在教育教学工作的繁重负担裹挟之中，各种杂务纠缠之中，各种活动安排得密不透风的状态之中，已经精疲力竭，一天辛苦工作后，回到家里，饭也懒得烧，自家的老人和孩子都疏于照顾，老师想读书心有余而力不足。就像大家都知道锻炼身体很重要，但种种工作负担压得老师们连喘息的时间也没有，根本就没有时间去锻炼。所以，要想让老师们读书，最好能给老师们一些自由的时间，让老师们的生活能够稍微优雅从容些，不要只是在疲于奔命中凄惶度日。

一个充实而有意义的人生，应该是伴随着读书而度过而发展而超越的。

所有的语文老师心中都有一个桃花源："莫春者，春服既成，冠者五六人，童子六七人，浴乎沂，风乎舞雩，咏而归。"我唯一的希望就是，学生能以读书为乐。

然而，可惜的是，进入九年级，不仅学生不读书，连我这个语文老师也读书甚少。

我这里所说的书，不是课本，不是试卷——大家知道，好端端的课本，一旦为应试服务，再好的文章，也味同嚼蜡，面目可憎。我何尝不知道，九年级下册中的《台阶》《雪》《藤野先生》等文章，那可是百读不厌的文章啊，可是现在呢，被肢解成了一道道与中考接轨的题型，殊为可悲。

当然，我是可以为自己找到托词的："我很忙""我很累""有些书实在水平太差"……

想起自己年轻时的一件事来。刚处于为官的起步阶段的我，风生水起，正盼望着建功立业的时候，对于读书之事，除了鄙薄之外不屑一顾。有人也曾好心地劝我多读书，远离官场，可惜，我年轻气盛，哪里听得下这些"迂腐的观点"呢，心想，我有时间读书，还不如多陪领导喝喝酒打打牌。有时，正在官场上蒸蒸日上的我，还要不无嘲讽地对那些劝告我的人说："看我，不读书，不照样混得好好的？"于是，我逐渐形成了野蛮粗鲁、急功近利、不讲道理、充满戾气的做事风格。

读书原本不过是教师的基本常识，但现在教育上很多事儿连常识都不顾，谁有兴趣读书？

年轻时，没有好好读书，这是一辈子的痛。

书，自然还是要读的。自古以来，读书的名言不计其数。但我最喜欢的还是汉代刘向的那句："书犹药也，善读之可以医愚。"

虽然现在身上还有无数个"愚"，但我坚信并且欣慰的是，因为读书，我已经少了很多的愚昧。

为了一个词,重读几本书

写点文字,涉及一个词:高阶思维。近些年来时常有人提起,我大致猜测到是什么意思,但苦于没有准确的概念,不敢乱用——对于一些自己不熟悉的词语,我向来比较谨慎。

上网查询,百度百科上这样解释:所谓高阶思维,是指发生在较高认知水平层次上的心智活动或认知能力。它在教学目标分类中表现为分析、综合、评价和创造。

那么,问题来了,既然"分析、综合、评价和创造"属于高阶思维,一定还会有"低阶思维"之说了,是什么呢?百度百科上没有。

打开书橱,找到了一本《学习与教学——从理论到实践》,多年前曾读过,当时觉得佶屈聱牙,难以卒读——翻译过来的书,大多如此。但为了查找到比较准确的说法,我硬着头皮,又把这本书重读了一遍,没有找到关于"高阶思维"的相关论述。尽管如此,我在不知不觉中,竟然温习了一下已经陌生了的有关学习过程的理论:斯金纳的操作性条件作用理论,罗伯特·加涅的学习条件理论,信息加工,元认知与问题解决,皮亚杰的认知发展理论,维果茨基心理发展的文化历史理论等。其中,对于有些观点,联系到自己的教学实践,若有所思。

比如,在"认知观点1"中,作者提出:

对篇章结构的教学可以增强学生阅读材料的理解能力。除了篇章结构之外，对信号词再认和理解的教学同样非常重要。信号词是没有实际内容的词，它们对材料的概念结构起到了强调作用。信号词的例子有很多，例如预习句，段首，起连接作用的词像"问题是……"等等。还有我们所说的"点词"，例如，"不幸的是"和"更重要的是"。（p184）

这个不恰好是我们语文教学时，培养学生理解能力的策略和方法吗？
又如：

对于从书本和口头表述材料中建构意义来说，有两种特殊的策略是很有效的。他们就是概述和自我提问。发展有效的概述需要一些原则，它们是：（1）去除非必要的材料；（2）去除冗繁；（3）用一个更上位的名称代替原来的组名称和/或事件集合；（4）如果篇章中没有，就创造一个主题句。无效的概述只是将观念从书本上复制下来，并没有改变或组合观念。相反，有效概述只选择重要的内容，使用原则并产生有条理的概述。（p188）

这几句话，对我们如何帮助学生学会概述很有启发意义。我们日常教学中，如果只是让学生去"概述"，学生手中没有策略和方法，就根本无从下手。

又翻阅由著名教育心理学家加涅所著、皮连生等翻译的《学习的条件和教学论》，以及约翰·D·布兰思福特等编著的《人是如何学习的——大脑、心理、经验及学校》，依然是无果。不过，这两本书中，都提到了"专家"和"新手"对于阅读的区别。如：

专家和新手之间一个明显的差异就是专家掌握了形成他们对新信息理解的概念：这允许他们看清对新手而言不是显而易见的模式、关系或差异。他们不必拥有超越其他人的更好的全面记忆力。但是他们的概念性理解使他们可以从对新手而言不明显的信息中抽取一层意义，有助于他们挑选和记住相关的信息。专家也能够顺畅地获得相关的知识，这是因为他们对学科知识的理解允许他们快速地辨识什么是相关的。因此，他们的注意力不会因复杂事件而超负荷。（《人是如何学习的》，p14）

这里，我得到的启示是，"专家"和"新手"之间有一个重要的区别，就是"专家总是利用极其丰富的结构化信息基础"，他们不仅仅是"优秀思考者"或者"聪明人"。还有一些零星的观点，诸如"不存在普适的最好的教学实践"，"学校和课堂必须是学习者中心的"，"在课堂中，评价的一个重要特征是它们是与学习者友好的"……

我们的教学，未必也不可能要学生全部达到"专家"境界，但是从"新手"向"专家"发展，则是教育的应有之义。

可惜的是，还是没有我想要的"高阶思维"的有关论述。

继续上网查询，发现上海市教育科学研究院普教所的夏雪梅老师曾在《中国教育报》2014年4月8日的第7版上发表过一篇文章《在真实课堂中为何要促进高阶思维》。于是从《中国教育报》网站上下载了这篇文章的电子版，全文两千多字，我反反复复地读，对"高阶思维"的理解终于有了一点眉目。文中写道：

布卢姆和加涅等人的学习理论中高阶思维的划分，可能最为人们熟知。这一论点的起源来自布卢姆的目标分类，他将认知领域的教育目标分成识记、理解、应用、分析、评价和创造六个类别，其中分析、评价和创造，通常被称为是"高阶思维"。

看到"布卢姆"，我眼前一亮，迅速从书橱中找到《布卢姆教育目标分类学（修订版完整版）》。这是2009年外语教学与研究出版社出版的图书，作者是洛林·安德森。布卢姆教育目标分类学，把知识维度分为事实性知识、概念性知识、程序性知识和元认知知识四个方面；把认知过程分为记忆/回忆（remember）、理解（understand）、应用（apply）、分析（analyze）、评价（evaluate）和创造（create）。并且构建了一个二维表格，所谓教学目标就是纵向的知识维度与横向的认知过程维度的交点，其重要意义自不必说。

在这本书中，我终于找到了想要的论述：

认知过程维度包括记忆/回忆、理解和应用这些在目标中最常见的认知

类别,还包括分析、评价和创造这些在目标中不太常见的认知类别。(p14)

当教学活动涉及分析、评价和创造等较复杂的认知过程时,学生将更有可能在知识的各个部分之间建立起联系。(p185)

分类表使我们认识到,在课堂教学中有可能也有必要包括较复杂的认知过程类别。不仅如此,分类表中的二维形式清楚地表明,较复杂的认知过程类别可以作为实现"高阶思维"目标的基础而直接教给学生,还可以作为教学活动,用来帮助学生实现包含复杂程度较低的认知过程类别的学习目标。(p185—186)

寻寻觅觅,有关"高阶思维"的说法总算有了可靠的来源,我确认,夏雪梅老师的论述比较可信。这个寻觅的过程,顺带收获了副产品,有意思,值得一记。

为什么读了很多书，还是不会写作文

经常有家长问我："梁老师，我的孩子平时喜欢读书，也读了很多书，可是，为什么还是不会写作文？"

要写好作文，专家学者的研究理论可谓汗牛充栋，我就不做搬运工复制别人的说法了。根据我个人的经验，以及多年来对那些擅长写作者的观察，简要说说，大致有四条路径：一是生活中积累素材，二是在阅读中积累写作经验，三是有思考的习惯，四是有书面表达能力。

从上面四个方面就可以看出，阅读是写作能力提高的必要条件而并非充分条件。换言之，读了很多书，未必就能写作。生活中，很多人都喜欢读书，上厕所也读点东西，睡觉之前看点书，现在更是电子阅读普及的时代，很多人手机电脑刷屏，其实也是在阅读，那么，这样的阅读，谁能说一定会提高写作能力呢？

可以说，有人一辈子都爱读书，但可能一辈子也写不出一篇文章来。这绝不是危言耸听，诸位不妨扪心自问。

回到家长的疑惑上来说。假定孩子确实是喜欢读书，也读了很多书，作文还是不行，就需要追问：

1. 他（她）读的是什么书？

毋庸置疑，在文章大家们的阅读经验介绍中，我们都会发现，他们阅读的品质是有保证的，且不论古代科举考试的是非，从我们今天所能读到的那些古代文人墨客的经典文字可以看出，他们都曾饱读四书五经、浸润文字而有了丰富的储备，许多诗词歌赋中的典故运用，就是作者阅读量和质的体现。所谓"问渠那得清如许，为有源头活水来"。据我观察，有些学生阅读书目的质量是堪忧的。比如，曾有一家长告诉我，孩子"酷爱读书"，都半夜躲在被窝里打着手电筒读书。我连忙问："平时阅读的是什么？"家长告诉我，某日整理房间时，从孩子的床底下，整整扫出了三大箱"玄怪""游戏"的书（抱歉，很多书名我都记不得）。我只好老实地对家长说："看你的孩子，每天到学校里，眼里都布满了血丝，看人的眼神都怪怪的，一个男孩子，讲话声音气若游丝，走路如弱柳扶风。成天吃垃圾食品会败坏胃口，同样，爱读品质低劣的书，也会让人的营养不良。这样的阅读，非但对学习写作没有丝毫好处，甚至还会把你的孩子引入歧途！赶紧悬崖勒马！"还有不少孩子，虽然不至于这样，但是阅读的内容粗浅、庸俗，沉湎于笑话、漫画之类的快餐式阅读，从他们的言谈举止中大致可见一斑。《论语·雍也》中说得好："文质彬彬，然后君子。"都说"腹有诗书气自华"，其实，读什么书，就会有什么气质。这是题外话，暂且不表。有学生则有畏难情绪，对于一些美的东西缺少敏感，对于一些经典的东西浅尝辄止，直言不讳地说，读《红楼梦》，读了第一页就读不下去了，于是束之高阁，落满灰尘。过些日子再问，回答是"读不懂"。

　　读不懂怎么办？硬着头皮读！舍此之外，别无捷径。有人曾说，读霍金，懂与不懂，都是收获！所有的简化版、浓缩版、考试版，都是对好书的戕害。我经常对抱怨"读不懂"的学生说："我让你天天读'床前明月光'，你读懂了吧？可是，有意思吗？数学老师天天让你做'1+1=2'，你觉得负担不重吧？可是，你愿意吗？"

　　2. 他（她）是怎么读书的？

　　首先要明确，学生阅读和写作，都不是"自由"地阅读和写作。一是，无论愿意不愿意,都要愿意。与生活中"想读就读,不想读就不读,想写就写,不想写就不写"是不一样的,学生读书,有国家规定的课程标准的要求,也就是,要达到最低要求的,没有多少选择的权利。可以说,无论学生想不想读和写,都要读和写,这是教育的规定性,老师和家长都不能放任自流,否则,就是不负责任的表现。所以,国家规定的阅读书目,都应该认真读完的。提到"认真"二字,不得不说古人读书的姿态:净手洁案,态度严肃,口无杂言,收视反听,遥恶亲善,敬字爱书。可是,我看到一些孩子读书时的表情,就知道他(她)是极不情愿地在读书,我也是"心痛着他的心痛":抓耳挠腮,目光迷离,神情木然,信手翻阅,翻到哪儿就是哪儿。即使勉强在老师和家长面前读书,也是做做样子,至多也就算是目光扫过文字。这种读书,与不读书没什么两样,是"假读书"。我问一位同学:"你读书了吗?"回答得斩钉截铁。可是,我打开书告诉他:"这本书有两页因为装订的原因而粘在一起,你没有发现吗?"学生这才脸红地承认未读。明月共赏,休戚与共,才是读书的境界。

其次,学生阅读带有"半专业"性质,因而,阅读就有一个"会不会"的问题。有学生读《西游记》,能绘声绘色地说出诸如"大闹天宫""三打白骨精"之类的故事情节来,但是,你问他:为什么对这个故事情节印象如此深刻?他就不知所以了。问题出在哪里?我想他的读书还是一种自然阅读,是跟着感觉走,只会随着故事情节而入迷。当然,一般阅读者不必去思考这个问题,那样太累人了,但是,作为语文学习的"阅读",学习者满足于此是远远不够的。因为你得追问:故事情节有如此迷人的魅力的原因在哪里?我能像作者一样把故事写得跌宕起伏吗?也就是学生需要思考"怎样写"的问题。这样,就具有了"半专业"性质。学生如果想从阅读中获取写作经验,就必须有这样的理性思考,而不仅是心动激动就万事大吉。否则,即使是真阅读,也只是半拉子工程。打个不太恰当的比方,不会读书的人,纵然读了很多书,也只是一个"两脚书橱""冬烘先生"。

阅读对于写作有帮助,还是有很多路要走的。当然,还有几个恐怕永远也无法解决的问题，比如，有孩子就是不爱读书；比如，孩子作业多没有时间读书；比如，孩子才读了一年半载的书就奢望语文考试分数蹭蹭地往上蹿……我不忽悠各位，只能抱歉地说无能为力。

以上，是就读书与写作的关系的一点零星的思考，算是给家长的回答。

有些书，不必读

当我徜徉在书店里，看到书架上有《陶渊明传》时，"便像得到了保证似的，立刻从书架上抽下一本"，毫不犹豫地买了。无他，只因为喜欢陶渊明以及他的诗文。

可是，当我真正地展卷细读的时候，却失望地发现，这本书其实并不怎么样。无非是陶渊明的个人简历穿插一些陶诗而已。虽不敢说粗制滥造，但书中既无独特的分析见解，也没有林语堂先生的《苏东坡传》那样典雅的语言艺术。半天时间，随手翻翻，再也没有兴趣动它一下。

董桥先生论读书时，曾幽默地说了一段比喻：

字典之类的参考书是妻子，常在身边为宜，但是翻了一辈子未必可以烂熟。诗词小说只当是可以迷死人的艳遇，事后追忆起来总是甜的。又长又深的学术著作是半老的女人，非打点十二分精神不足以深解，有的当然还有点风韵，最要命的是后头还有一大串注文，不肯罢休！至于政治评论、时事杂文等集子，都是现买现卖，不外是青楼上的姑娘，亲热一下也就完了，明天再看就不是那么回事了。

董桥先生的比喻，可以解读为什么样的书可以读，该读什么，怎么读的问题。开卷未必都有益。这也是我提倡学生读书，但不是所有的书都拿来读的原因。且不说，世上的书你不可能读完，假使你能读完，也不必浪费时间和精力把那些泥沙俱下的书一一读来。

有些书，像众所周知的玄怪、恐怖、暴力之类的，面目狰狞，已如过街老鼠，人人喊打，不提倡学生读，稍有常识的人都知道，自不必说。

有些书，貌似好读，并且戴上了温情脉脉的面纱，熨帖心灵，全是正确的废话，其实并无多少价值，比如前些年一直流行的励志类鸡汤散文、时文荟萃等，尝几滴就算了，不能当饭吃。

什么书能让学生读，大抵遵循的原则是"跳一跳，摘得到"，即"在思想认识上高于学生，在文化视野上宽于学生，在表达手法上优于学生"。我经常提醒学生，不要把"自己能读得懂"作为标准，那样很容易在自己原有水平上重复，无法提升，也就是要避免"浅阅读"。

但是，现在有从一个极端走向另一个极端的倾向，尤其是以课程的名义让学生读一些艰深的古代书籍，需要保持警惕。

北京一位教小学一二年级的语文老师，介绍经验时说，给孩子开设了《诗经》、唐诗、三字经、弟子规等"课程"。据她说，学生读得很有"收获"，而且还"写了很多有感而发的文字"。看到她的 PPT 上打出的那些文字，我承认那一刹那，"是惊奇地叫了一声的"——但不是赞叹，而是毛骨悚然。天哪，一二年级的孩子才识几个字啊，那么深奥的文字，纵然不是生吞活剥，死记硬背，也要花多少时间去消化啊，对于一个自觉读书的成年人而言都极其艰难的事情，七八岁的孩子，如何承受如此之重？毕竟，孩子除了读书，还有很多游戏、玩耍呀。谁给你的权利，教孩子去读这些东西？当然，这位老师说，这是"国学"，要让孩子植根，打下精神的底子。

我相信老师的初衷一定是好的。然而，好心未必就做好事。教育要有善心、爱心、勇气，但也不能缺乏理性。引导学生读书功德无量，但过分凌节而施，让学生阅读与其水平相差太大的书，让学生跳了也够不着，令人沮丧和厌恶，读得太吃力，便失去了读的意义。

老师的教育不可任性，不可置教育规律以及孩子的年龄特征、生活阅历等诸方面因素于不顾，随性而为。教育，从来都不是"我想教什么就教什么"。老师也不能把学生培养成为"像自己一样的人"，而要把学生培养成

"最好的自己"。比如，我对《红楼梦》情有独钟，前后读了五六遍，现在读《脂砚斋评石头记》，"每有会意，便欣然忘食"。即便如此，我只是告诉初中生，可以读读《红楼梦》，而不会开设一门关于《红楼梦》的课程，让学生都跟着我一起读。

这里有必要提一下，权威专家们非常正式地指出：课程标准的准确说法是"优秀传统文化"，而非"国学"！二者之间的区别，想必大家都应该保持一定的敏锐性，教育者恐不宜自说自话。对于大家热议的教材编写，国家专门成立了教材委员会，作为地方行政主管或是教师个人，都应该领会要义，对此我不敢擅作解读。

2015年12月10日在上海师大附中举行的"中学生批判性思维培养与思辨读写教学实践研究"的课题会议上，于漪老师批评了《弟子规》一类的传统文本大肆进入中小学教学的怪诞荒谬现象，引发现场老师的共鸣。上海的余党绪老师认为："学习传统文化，是为了达成对传统文化的理解。不能理所当然地把孩子当作继承某个文化的容器，文化继承只能在对话与选择中实现。传统文化的教学是为了理解传统文化，其目的归根到底在于培养现代公民。不是为了培养顺民、逸民，也不是为了培养士子、君子与圣人，当然更不可能是暴民，而是为了培养现代公民。如果忘记了这一点，那还不如鲁迅所说，干脆不读中国书了。"

2013年7月，我曾慕名来到无锡东林书院。正闲庭信步间，院内传来稚子念书声，侧耳细听，竟是"之乎者也"。循声而去，果然在依庸堂旁的厢房里，看见了20多个七八岁的孩子正在上"国学课"。一年轻女教师挥汗如雨、声嘶力竭地领着孩子们正读着"人之初，性本善"。禁不住好奇，我也站在门外盘桓了一会儿。在这闹中取静的优雅环境里读书，原本何等令人艳羡。可是看看孩子们，一个个脑门上汗珠直滚，面无表情地哼哼着"性相近，习相远"，眼睛则左顾右盼，向窗外搜寻着感兴趣的东西。这情形，我立即想到了鲁迅先生在三味书屋念"秩秩斯干幽幽南山"的情形。门外园丁手持水管在为花草浇水，"哗哗哗"的流水声，飞流直下的壮观情形，其诱惑力大大超过了读书的乐趣，孩子们纷纷扭头向外望，眼睛发亮，饶有兴趣地看着，尽管口中还在跟随老师念"子不学，非所宜"，真是"小和尚念经，有口无心"，"天地玄黄吼一通"。如此读经，是让孩子喜爱，还是厌恶？读书毕竟不是孩子们唯一的生活，尤其是现在的学校教育已经把孩子们折腾得死去活来，好不容易放了暑假，孩子们却又被逼迫着从学校转战到校外，开始了"第三学期"。虽说读经可以传承文化，滋养精神，可是，在这酷暑难当的夏天，孩子们被"经典"浸润得汗流浃背，抓耳挠腮，欲逃不能，是不是有些不厚道呢？很多时候，当我们怀揣良好初衷的时候，是不是也顾及一下孩子们的感受？更何况，如此的经典诵读，真的是动机纯良吗？如今打着诱人旗号干着不可告人的勾当的事儿太多了。有人甚至把"国学"吹成了"包治百病"的灵丹妙药，竟然还有人相信，真是有些莫名其妙。当年"冷风热血，荡涤乾坤"的书院，是成年人传经布道的政治游戏，是思想文化孕育之所，文明之风的发祥之地，时人以"躬登丽泽之堂，入依庸之室"为荣，哪里是这样对小孩子实施精神煎熬和时间盘剥的地方啊？

不忍多看，便转身离去。回来后，我胡诌了几句打油诗：

闹中取静读书地，古往今来圣贤范。
丽泽堂前游客少，东林精舍学童多。
手捧经书四下望，心想夕阳快下山。
东林一去不复返，此地空余东林院。

中国目前的阅读状况并不乐观。有一项调查显示，目前畅销的图书是：教辅、养生、发财、算命、风水、八卦。温儒敏先生曾在一次讲座中列出了热门书排行榜单：《饭局潜规则》《饭局就是生产力》《饭局是技术活》《男人不狠事不成》《人脉设计》《读心术》《厚黑学》《利用别人盲点赚钱》《男人淡定不寂寞》《大老板做人小老板做事》《大女人的素质，小女人的情怀》。快餐化、庸俗化、碎片化、实用化充斥其中。因此，我经常告诉学生，要读点有品位的书，比如我们的推荐书目就有《宋词之旅》《怅望千秋》《古典幽梦》

等 20 本。

传统的典籍当然可以读,"取其精华,去其糟粕"才是正道,用余党绪先生的话来说就是"读古人书,是为了做现代人"。

一言以蔽之,什么时候读,读什么书,怎么读,是需要有所选择的。

那一段无心读书的滋味

小学毕业后的暑假,家里添置了一件"高档电器"——收音机。它成了我最好的伙伴,我常常用它来听评书。

我最喜欢听刘兰芳的《岳飞传》《杨家将》。刘先生干净利落而又抑扬顿挫惟妙惟肖的声音,像磁铁般吸引着我,纸质原著先前没有读过,但我依然听得如痴如醉,因为是连播,所以每天都盼望着那个时段的到来。一门忠烈的杨家将,精忠报国的岳飞,书中一个个人物形象,常令我浮想联翩,心头激荡起无数美好的情感。

我是农民的儿子,干农活儿似乎是天经地义的事情。土生土长的农村人,都知道干农活的辛苦,我虽然一百个不情愿,但又不得不去做。白天,在帮父母干活的时候,我就把收音机捎带到田里去,放在田埂上,或拿个凳子放在田中间,把音量开到最大,确保我能听到。劳动范围,也尽量选择最靠近收音机的地方,圆心是收音机,半径就是收音机的声音所能传送到的最大距离。

农家开夜工是家常便饭,拣棉花、摘花生、搓玉米棒之类的活儿,年岁不大的我早已是家里不可或缺的熟练工。为了驱除瞌睡,就打开收音机,让评书的声音陪伴我。每当听到单田芳先生烟酒嗓的"上回书说到……",我就兴奋起来,这样干活,乐而忘忧。有时我一天听几次重播依然乐在其中。

家里养了几头猪和几只羊,成天张着嘴巴,好像吃不够,解决它们的口粮,拔草喂猪养羊,成了我义不容辞的责任。虽然是"足蒸暑土气,背灼炎天光",我也要赤着背膀,穿着短裤,奋不顾身地在田间拔草。回家时,我熟练地扎出一个个草把,裹在身上,像诗人描绘的"青箬笠,绿蓑衣",我没有"斜风细雨不须归"的闲情雅致,有的只是烈日和暴雨下的欲归不得;除了冤苦,毫无诗意,邻居们看到我都说像个小野人。尽管不过是父母的帮衬,但我已真切地感受到李绅《悯农》所描写的艰辛:"锄禾日当午,汗滴禾下土。谁知盘中餐,粒粒皆辛苦!"那时,我没有想到,远在千年以前的晋代大诗人陶潜,居然愿意舍弃荣华富贵,回到田园生活,并写出了那么多的田园诗来。后来我读到这些诗时,一时竟无法理解:诗人如此矫情,吃饱了撑的,真是饱汉不知饿汉饥。

听书是精神支柱,但我干农活的境界,绝对没有陶渊明笔下那份悠然自乐,更多的是厌恶和害怕。为了逃避父母分配农活,我开始假装读书。

记不得是从哪借来的《西游记》《水浒传》《封神榜》,其中有相当多的文言文看不懂,我就猜测,大致明白就跳着蹦着往下看。开始读书时比较吃力,一想到干农活的凄风苦雨,便还是把头埋进书里。读得越多,发现很多字词在一本书里多次出现,在其他书里也是似曾相识,遂触类旁通,时有恍然大悟、明白通畅之感,滋味顿生,可以说是"好读书,不求甚解"。还有一部残缺不全的《三国演义》,有很多地方掉页或破烂了,我就只好凭想象和联想,把那些情节给连接上,补上去发现挺连贯的,得意非凡,其感觉不足为外人道也。

最初的阅读,吸引我的无疑是故事的情节,对于初读者而言,借助情节进入小说,再自然不过。我做老师,教学生读名著时,第一遍也就要求比较低,鼓励学生先熟悉一下,不被文言文吓倒。不少学生读原版名著,在第一页就宣布读不下去了,从此搁置一边。我常常说,如果你能把第一页读下去,就能把后面的读进去。在这个基础上,将来有机会再次阅读,才能真正地走进文本,含英咀华。如果一开始就带着功利心和高要求,估计是会吓退学生,也会败坏学生阅读兴趣的。很多学生告诉我,开始时的确很畏惧,后来,在老师的逼迫下不得不读,渐渐发现,名著之门,其实是为他们开着的。一个总在门外徘徊的人,是无法领略到大门里面的神奇和精彩的。

随着阅读数量的增加，我好像渐入佳境，慢慢地真正地喜欢上了读书。爱不释手，每每读书，心无旁骛，神游其中。正如《论语》有云："子在齐闻《韶》，三月不知肉味，曰：'不图为乐之至于斯也。'"

后来有人说，现在的孩子不喜欢读书，是因为他们生活中没有经历更多的"眼前的苟且"，也就无法抵达"诗和远方"。所以，他们总认为读书是最苦的事情。其实，世间哪有比读书更幸福的事？我常常幻想，如果只要读书，而不要做其他事情，并且衣食无忧，我宁愿一辈子只读书。我时常为自己生不逢时而扼腕叹息，现在的孩子，读书的条件是多么的好，可是，他们却不舍得把时间花在读书上。

无心插柳柳成荫，有心栽花花不开。正是由于这个暑假的无心读书，让我打下了一定的古文底子，在日后的初中生活中，学习古文我几乎一路畅通。甚至在读本科的时候，我的古代文学史老师姚曼波教授请我帮忙翻译《左传》，我也斗胆接下了任务，并在她的指导下顺利完成任务。只是，我这人的情感不太丰富，最终没有走上文学之路。

很多家长都问我："怎样才能提高语文成绩？"我毫无例外地告诉他们："一定要多读书，读好书。除此而外，没有捷径可走。"在这个急功近利的时代，人们追求立竿见影的效果，恨不得速成，快餐化、简约化、浮浅化大行其道，只会助长学生阅读习惯的浮躁和浅表，思想上还是在原来的基础上重复，这在语文学习上其实还是无效的。所以，我在教学的时候，总是让学生读书，读书，再读书。我甚至跟学生讲，只要你愿意读好书，哪怕不听我的语文课也没关系，如果你愿意在三年中把几本古典名著读完读好，即使不上语文课，一样可以考好。这是我的亲身体会，还有比这更能说明问题的吗？

那个暑假的阅读，是我阅读史的初级阶段。现在想起，回味不已。

当时只道是寻常，待到懂时已沧桑。

第四辑

在提升格局中突围

所谓格局，就是教师要有一定的眼界和境界。既要能适应眼前的"苟且生活"，还要有"诗和远方"。

不投机取巧走终南捷径，不艳羡某些不择手段的侥幸，不追求宏大叙述，不奢望重大建树，踏踏实实地上好每一节平常课，静下心来读几本书，不折不扣地研究教育教学问题，老老实实地写几篇有自己见解的文章。让教学烙上自己的印记，让课堂成为师生幸福相遇的一种生命状态。

不要埋怨所在的环境如何不尽如人意，这世界根本就没有桃花源。只要你心中有，桃花源就存在。井底之蛙，天空只有井口那么大；如果手里只有锤子，那么眼里就只有钉子。闻道有先后，术业有专攻。不能这山望着那山高，人可能一生只能做好一件事，那就把"能做的事"做到极致，把不属于自己的事放置一边。心无旁骛，学会舍得，自然会"种瓜得瓜，种豆得豆"。正如宋濂在《送东阳马生序》中所说："其业有不精，德有不成者，非天质之卑，则心不若余之专耳，岂他人之过哉！"

对自己的面孔负责

"你是老师吧!"

当老师时间长了,在一些社交活动中,人们往往一下子就能脱口而出。

起初听到这样的话时,我并不引以为豪,认为称呼中透露出一丝戏谑揶揄或不敬之意。我有这种心理阴影,可以说与刚做教师时的一些尴尬遭遇有关。上个世纪八九十年代,老师的工资待遇比较低,到菜场买菜的时候,从衣袋里"摸"出几文大钱,喜欢跟菜贩子斤斤计较。久而久之,人们对老师形成了"酸""吝啬""抠门"的印象,所以,当人们说出"你是老师"的时候,便自然而然地让人感觉是喜欢扳着指头"精明地算账"的人。

当时,我听到一个真实的笑话。某镇一小学老师去菜场买肉,那时不按质而沽,不管什么肉都一个价。势利的屠户,尽挑肥肉卖给老师。老师不悦,说:"怎么都给我肥肉?"屠户毫不客气地说:"做老师的,还想吃瘦肉吗?"斯文扫地、狼狈而逃的老师,向校长倾诉了心中的郁闷。第二天,校长勒令屠户将自己的儿子带回去,并送上一句话:"卖肉的人,孩子还要读书吗?"

这个故事,在今天看来自然是不能摆上桌面的,我无需解释。但那个时代,"尊师重教"只是挂在嘴上,写在文件上,没有落实到行动上。青年教师受到的类似委屈,可以说是举不胜举。包括我在内,当时听了这个故事,觉得校长为老师出了一口恶气,时不时就作为谈资拿出来消遣一番。

殊不知,那也是形势所逼啊。我那时工资连一个人的生活都不能保证,入不敷出是常有的事。更何况，还经常被"自愿"被"奉献"，为当地修路建桥、兴办企业"捐"出一个月两个月的工资。犹记得，有一年春节，镇里给每个教师发了一条价格不菲的地产香烟，说要教师"带头支持地方经济发展"，原本就微薄的工资被扣去了一半——这年过得怎样？抽了一辈子普通香烟的父亲，面对我拿回来孝敬他的地产名贵香烟，抽也不是，不抽也不是。矛盾，纠结，又无可奈何，我心中真是五味杂陈。至今，我手头还珍藏着已经发黄了的20多年前的"借款"票据，企业早就办了又倒了，领导换了一茬又一茬，现在都不知道找哪位领导哪个部门去兑现了。此情此景，能不英雄气短？

后来，随着教师的待遇日渐提高，这样的情形似乎有些改观。人们换上了这样的口气："你们老师现在工资高呀！"语气中流露出一些嫉妒的赞美。高与不高，如鱼饮水，冷暖自知。老师群体对物质的追求不高，既心怀感恩，又知足常乐。于是，老师的脸，不再是精于算计的小市民形象，扬眉吐气的老师，终于可以在买菜时"排出九文大钱"了。

但是，在一些场合，人们还是容易一眼认出老师。为什么？

我想，纵然"天翻地覆慨而慷"，老师言行举止中的那份矜持与沉稳，在今天这个物欲横流的社会上，恐怕是硕果仅存的。在餐桌上，我们不会大快朵颐，猜拳喧哗；在该娱乐的地方，我们不熟悉当下流行的劲歌热舞，纵然想放松一下自己的身心，也多半是"犹抱琵琶半遮面，千呼万唤始出来"。

一个显著的标志，就是老师的脸往往与众不同。怎么来形容这个独具特色的面孔呢？知识的霸气侧漏？刻板冷漠？目空一切？故作高深？文质彬彬？或许兼而有之。说好听点，是觉得自己是读书人，要保持那种"出淤泥而不染，濯清涟而不妖"的高洁庄重；说难听点，是无法与周围的人和事融为一体，格格不入。老师把这张极具典型意义的脸一露，似乎当时的空气也要凝固起来，说话也变得不那么坦然。

老师的脸形成这个特点可不是一天两天的事。长期以来，面对的是学生，老师往往习惯于一张嘴就训人，一不高兴就拉脸，摆事实，讲道理，这是每个老师的"基本功"，还要加上体态语和面部表情——典型的职业面孔。

有人曾形容"满脸旧社会，五官错位，紧急集合；冰冷的心，冰棍的脸，古板的眼"，是老师不苟言笑的面孔最好的诠释。一本正经的样子摆久了，面部肌肉僵硬，表情格式化，连微笑也不会了，我们给学生留下的只能是一种须仰视才见的令人生畏的感觉。不是经常看到一些老师写文章说"我今天对学生微笑了，学生很开心"之类的话语吗？之所以学生对老师的偶尔微笑报以感动，是因为我们的微笑早就成为稀有资源，偶尔的"回眸一笑"，说不上"百媚生"，也可算得上对学生的恩赐了，学生会惊叹："我们的老师也会笑啊！"

然而，谁都不喜欢面对没有人情味的脸。学生不喜欢，家长不喜欢，同事不喜欢，连自己也不喜欢。有几次，我看了外出上公开课或作讲座的照片，自己也觉得难为情，一副指点江山激扬文字的表情，表情严肃，正言厉色，不容置疑，不禁为自己一副说教的面孔而心生惭愧。

林清玄在《猫头鹰人》一文中写道："做了很久屠夫的人，脸上的每道横肉，都长得和他杀的动物一样。而鱼市场的鱼贩子，不管怎么洗澡，毛孔里都会流出鱼的腥味。我又想到，在银行柜台数钞票很久的人，脸上的表情就像一张钞票，冷漠而势利。在小机关当主管作威作福的人，日子久了，脸变得像一张公文，格式十分僵化，内容逢迎拍马。坐在电脑前忘记人的品质的人，长相就像一架电脑。还有，跑社会新闻的记者，到后来，长相就如同社会版上的照片……"

林先生没有把教师的面孔列举出来，我以为是给了我们很大的面子，想必列出来也不难。以人为镜，可以正己。

一次，林肯亲自面试一位应聘者，却没有录用那个人。幕僚问他原因，他竟然堂而皇之地宣称："我不喜欢他的长相！"幕僚非常不解地问道："难道一个人天生长得不好看，也是他的过错吗？"林肯回答："一个人40岁以前的脸是父母决定的，但40岁以后的脸却是自己决定的，他要为自己40岁以后的长相负责。"故事中对这个被推荐的人是这样描写的："长了一副压抑的样子，让人一看就愁眉苦脸的。"其实林肯不是挑剔他的长相，是不认可他不积极的生活态度。

以貌取人固然不足信，但还是有一定的道理的。在中国，这叫"相由心生"。

据说唐朝裴度少时贫困潦倒。一天，他在路上巧遇一行禅师。大师看了裴度的面相后，发现他嘴角纵纹延伸入口，恐怕有饿死的横祸，因而劝勉他要努力修善。裴度依教奉行，日后又遇一行禅师，大师看他目光澄澈，脸相完全改变，告诉他以后一定可以贵为宰相。依大师之意，裴度前后脸相有如此不同的变化差别，是因为其不断修善、断恶、耕耘心田，相随心转。

一个人的职业、习气、心念、环境都会塑造他的长相、表情、神色、气质，这是人尽皆知的道理。教师首先是人，是一个社会人，一个有血有肉的人，不能成为一个孔乙己式的"站着喝酒而穿长衫"的人。作为教师，要时常拂拭自己的心灵之镜，来照见世间的真相；也要时常照照镜子，看看自己的长相与昨日的不同；更要照心灵之镜，才不会走向偏狭的道路。

且慢腹诽专家

不少人都说过一句有意思的话：所谓专家，就是专门忽悠人的家伙。

也有人说：专家，就是把简单的道理讲得让别人听不懂的人。

更多的时候，"专家"成了对别人的一种戏谑。

像这样腹诽专家的人不在少数。这么些年来，我接触过不少专家，无论是自封的，还是别人奉送的，但给我的感觉，所谓的"伪专家"并不是很多，在我看来，大多还是有真才实学的。所以，我认为，不可一棍子把专家打死。

我心目中的专家，可以罗列一大串名字：朱永新，王荣生，孙绍振，李镇西，魏书生，钱梦龙，韩军，黄厚江……这些人，我敬佩他们并非因为道听途说，空穴来风，人云亦云，而是我曾有机会近距离接触过。比如朱永新，我曾先后追随他奔赴多个地方，聆听他的学术报告，阅读他的教育主张和教育著作等。又如李镇西，曾经也是每年都有机会接触，或听报告，或看他上课，或私下交流。尤其他的著作《爱心与教育》，我曾读得泪花流——用一句时髦的话说，就是"原来，教育还可以这样做"，"教育类的文章还可以这样写"。所以，当很多人，其实并不了解这些专家却妄自评论"有什么用，这些人太理想了"时，我常常隐隐觉得是一种酸葡萄心理，你凭什么这样说呢？然而，面对这样的情形，我的做法就是默默走开，并不分辩什么。跟闭目塞聪的人去探讨花儿的颜色和音乐的旋律，是多余的。你并没有真正读过什么书，见识过什么名家的实践，就撇撇嘴，牙缝里挤出一个"嗤"

字，满脸不屑一顾，只不过是为自己的无知者无畏作注脚而已。我相信，我敬仰他们是有根据的。

在我眼里，专家往往代表学术、真理、人格。他们躬身实践，追求真理，兼有高尚的人格魅力，这对于追求真善美的所有人而言，都源自内心的一种精神感召。"总有一种力量令人泪流满面"。朱永新教授，虽然现在他的名字前面，有一长串的头衔，但这些对于我们而言都不重要，我只知道，他是"朱老师"，我觉得天底下最值得人尊敬的就是"老师"这一称谓。虽然现在"老师"这一称呼几近庸俗，娱乐明星纷纷以"老师"自居。即使一年不见，再次相遇，朱老师依然会问问你现在过得怎么样，平凡得像邻居之间的问候，甚至连最具中国特色的官腔"嗯、啊、哈"也没有。我知道，他们的语言没有苍白到需要口头禅来掩饰。读潘新和教授的《语文：表现与存在》，洋洋百万余字的鸿篇巨制，都是他亲自撰写，虽然里面有些内容显得粗糙重复，但我觉得这样的"不完美"正是一种真实，毕竟学术追求也是无止境的，永远不可能达到完美。而孙绍振教授的《名作细读》，则用大量的案例给我们这些一线教师启发：文本解读是语文教学并不可少的。我们日常教学中都会煞有介事地说"文本解读"，但真正有几人在解读文本？想想汗颜。更多的时候，不过是在贩卖教参，重复着别人的话语，把自己的头脑当作别人思想的跑马场而已。

对于专家，我觉得还是不要随意轻慢。首先要做的是让自己充实起来，有底气再扛起大棒去尽情挥舞。就像研究者一样，对话是要本钱的。倘若自己就是一个半吊子郎中，不学无术之徒，把人生的趣味定位于世俗沉浮，走别人的路，活在别人的影子和眼色里，连自己是谁也不清楚，那么，还是要先学会倾听。至少，要对学术和真理抱有敬畏之心，不至于令人觉得俗不可耐。偶尔在自己的阅历中，不幸遭遇到个别伪专家，那也不必大惊小怪，权当自己的反面教材，以此来告诫自己，千万不能成为这样的人。多少年前，我听一位全国知名的特级教师的课时，自己感觉"特级教师的课不过如此"；时过境迁，随着自己读书越来越多，在语文教学上的实践和思考越来越丰富，蓦然回首，才发现，当年的我所发出的感慨是多么的可笑与浅薄。

借用朱自清先生在《背影》中的话来说："唉，我现在想想，那时真是太聪明了！"

"认识你自己"是刻在德尔斐的阿波罗神庙上的著名箴言。有人认为，这句话出自苏格拉底，因为他总是自称一无所知。他的名言就是：认识你自己。其哲学意义在于：由强调知识的作用，从而强调人的地位，是人文主义的体现。苏格拉底围绕人的精神修养提出哲学命题，比如什么是幸福、美德、真理、正义等，其中贯穿一个主题就是说服人们不要专注于对身外之物的追求，而应去改造自己的灵魂，追求真理和智慧，成为道德完善的、真正的人。

想对专家评头论足，先让自己成为真正的专家。

何谓大师？

2013年9月，我有幸到北京大学参加一个初中语文国家级骨干教师培训，即"国培"。此次国培，是由温儒敏教授领衔主持的。

温儒敏，何许人也？

现任山东大学人文社科一级教授，博士生导师。兼任北京大学语文教育研究所所长、教育部聘中小学语文教科书总主编、教育部基础教育专家委员会成员。曾任北京大学中文系主任、北京大学出版社总编辑、中国现代文学研究会会长……

读到这段文字，想象中的温教授，一定是只能令人仰视的高高在上的大学者。

温教授来给我们上课了。初见温教授，但见他神态温煦，言语儒雅，思想敏锐。年近七旬，慈祥的目光中透着智慧的光芒，炯炯有神，澄明而不带一丝浑浊，似明净的天空一尘不染，又似一泓潭水"清澈见底，直视无碍"。记得第一天下课时，我们这些年纪并不小的学员们就如年轻人追星一样，迫不及待地去与温教授合影了。

作为忠实粉丝之一，我只是请温教授一定要坐着，我站着，才能稍稍抚平我的惴惴不安。我丝毫不掩饰自己对温教授的敬仰之情，正如宋濂在《送东阳马生序》中所描述的那样："余立侍左右，援疑质理，俯身倾耳以请。"以前只是在书中读过温教授，但见到真人，而且是如此近距离，还是初次。所以，温教授的两个半天授课，我不敢有一点懈怠，虔诚地记着温教授所说的每一句话。

果然，温教授在课堂上直指语文教育中的怪现状，他教我们不要自怨自艾，而要像鲁迅先生说的那样，"真的勇士，敢于直面惨淡的人生，敢于正视淋漓的鲜血"，能改变一寸就改变一寸，语文教学要追求真善美……我这个来自一线自认为有不少实践经验的语文老师，汗颜不已，因为他看得那样深那样远，分析得那样透彻，直抵要害，要言不烦，而不是隔靴搔痒，空发议论，我们听了都有醍醐灌顶之感。课间休息，他来到走廊外，与我们随意攀谈。他用那带有广东口音的普通话，跟我们聊他对语文教育现状的忧思，聊他对语文教育的建议，聊他对我们的希望。他总是用那浅浅的微笑看着我们，似乎在鼓励我们，"你们对语文教育有什么想法请直说"。我们围着他，畅所欲言，无拘无束地表达着自己对语文教育的痛与爱，情与思。记得我当时还斗胆对温教授说，我认为现在的语文教育要"大语文与小语文一个都不能少"。温先生略一思索后，点头赞同。

温教授还送给我们每人一本他的新作《温儒敏论语文教育二集》。从北京回常州的四个多小时火车车程，我一口气把这本书读完。很多人手里拿着手机或其他电子玩具，耳朵里塞着耳机，欣赏着窗外的风景。我则一路欣赏着温教授这本书中的风景。回到常州，我立即跟两位好友说：今天在火车上读完了温儒敏教授的书，这几个小时很充实，没有虚度。后来，我在写论文时，也不时从温教授的这本论著中发掘一些"理论论据"，让我的文章更具有说服力。

本以为，我与温教授这段萍水相逢的故事，就此可以画上句号。没想到，我荣幸地与温教授再续"情缘"。

2014年以来，我着手整理自己的一部新书稿，暂名《简洁语文——我的教学思考与实践》。依常理，我想请一位有名望的大师来帮我写序言。于是，我在头脑中搜寻着，希望能有一位与我相对而言较熟的先生帮助我。但我只是底层一线教师，交往有限。大师与我，有时不是相隔天涯海角，而是我就站在他的面前，他却不认识我。与几位先生倒有过几次接触，但不敢造次，总觉得他们是参天大树，我不过是一株默默生长的小草，连仰望一下的勇气都没有，遑论请他们给我写序言。

不知怎么，就想到了温儒敏先生。也许是北大"国培"时，先生留给我的笑容、神情、风度，就是"谦谦君子，温润如玉"，一直铭刻在心的是温暖的阳光，温馨的感觉，让我觉得先生是一位值得信赖的人。

我决定试一试。

于是，2014年4月18日，我冒昧地给温教授发了一封电子邮件，表达了我想请先生帮我写序言的想法。没想到，第二天，也就是4月19日，温先生就给我回了信。信上这样说："增红老师：祝贺你的大作出版。我因为事情杂乱，难于静下心读稿子，所以一般也不给人作序。你的书名很好，可能内容也不错，发来部分看看，看读后是否有心得。然后再说作序与否。可以吗？"收到温先生的信后，我非常激动，说实话，我发出去以后，也不太敢相信，温先生会愿意给我回信。令我敬佩的是，温先生并未直接表示愿意写还是不写，而是说"发来部分看看，看读后是否有心得。然后再说作序与否"，可见先生待人风格之真诚，处事态度之慎重。我知道先生是名人，很忙，虽然有很多话想对先生说，但实在不忍多打扰，于是，我直接把自己的书稿发给温先生。同时，我也在等待中期盼着奇迹的发生。其实我的心中还暗藏着一个不敢说出来的想法：哪怕先生看了我的书后，认为没有什么价值，让我不要浪费时间和纸张了，我也会心存感激的。我会把先生的话用来鞭策自己，力求把自己的事情做得更好，即使不出书，也是有收获的。

然而，让我没有想到的是，温先生在百忙之中读了我的书稿之后，非常认真地给我写了2500多字的序言。

收到邮件时，我几乎不敢相信自己的眼睛！

这是2014年的"五一"节，很多人都在赶赴春天的约会，在游山玩水享受美妙春光，温先生却给我写了这篇带着温度温情的文字。

仅仅有过几个小时之缘，一位北大教授，一位长者，一位学界名人，一位大师，却肯为一个连模样都记不得、素不相识、远在千里之外的普通语文教师写下这么多激励鞭策的文字，而且，我没有当面请教，没有付出一分酬劳，善良的先生就写了，我庆幸自己遇到了一位好人。

先生给我发来邮件,还写上了这样的话:"梁老师:序言写好,你看看是否合适。若有些字句不顺,请你修订。祝节日快乐。"不久,又发来一封邮件,特意提醒我"序言又改动一两处,请用改过的吧"。我打开一看,先生在第二稿上,特意把修改处用红色字体标明,以便我知道修改的细节。先生治学之严谨,可见一斑。

找不到合适的语言来表达对温先生的敬意和谢意,就借用一句话来表达:

云山苍苍,江水泱泱,先生之风,山高水长!

或许,这就是真正的大师吧!

师德与师能，一个不能少

谈及"师德"，人们往往首先想到"爱""奉献""牺牲"等字眼，似乎拥有了这些，一切教育问题都可以迎刃而解。有人甚至认为，只要师德好，文化水平欠缺一些、教学能力薄弱一些，无关紧要。对此，在下不敢苟同。

在此，我要预先声明，绝不是否定师德的重要意义！而且我赞同"士有百行，以德为先"的说法。

大概是读三四年级的时候，班上来了一位代课老师教我们语文。代课老师和蔼友善，常常用微薄的薪水接济我们这些农民孩子的生活，从来不打骂学生，甚至，连声音高一点都没有，我们也很喜欢他，愿意亲近他。至今想来，这位老师在师德上无可挑剔。可是，他上语文课的方法就是两大法宝：背诵课文，抄写词语。期末考试时，他竟然让那些不会写作文的学生背好《小学生守则》，改头换面就算作"作文"了，结果还真有学生这样做了，并付出了惨重的代价。

随着读书生涯的不断延伸，我们渐渐感觉，蹩脚的伎俩露出了马脚，当时的侥幸，最终演变为我们成长和发展的掣肘。我们不知道求学要读书，要思考，天真地以为"天下文章一大抄"。后来我们很多同学回忆起来，总有一种复杂的感情，觉得这位老师"人很好"，可是提到他带给我们什么收获，不约而同地想到背《小学生守则》这个法宝。我现在当然不是去指责那时教育的落后和代课老师的愚昧，毕竟是时代造成的，也不敢标榜我自己做得多么正确完美。只是，对于今天从事教育的我而言，这是一段绕不过去而又百味杂陈的印象。时过境迁，当下，类似的事情还会时有发生，有点变化的是，不再抄写学生守则，而是背优秀作文了。再不行，也要教学生搞个题记，编个小标题，弄个排比句开头和结尾之类的小伎俩，有老师直言不讳地对学生说"总能混点分数的"。每念及此，实在匪夷所思。或许，老师的本意是善良的，初衷是为了广大学生的根本利益，可是，从长远一点想，这样做，是唆使学生投机取巧，坑蒙拐骗，贻害无穷。

为师者学高为师，身正为范，缺一不可。

毋庸置疑，没有师德的人，是自然不能站立于讲台的；但同时，我们也不能忘了，教师也是一种职业，师能不行，同样误人子弟。空谈师德，不注重专业本领的修炼，认为只要思想品德好，谁都能走进课堂成为"老师"，这是对教师职业特点的非理性认知。师德，不能代替师能，也不能成为师能不足的理由。更不能形成"二元思维"，谈"师德"似乎就不要"师能"，谈"师能"似乎就不要"师德"。

我曾开玩笑说，如果语文老师只会昏天暗地、不知疲倦、翻来覆去"抓默写"，把"对着参考书讲课文""对着答案讲题目"视为百战不殆的"经验"，其实只要花几块钱随便雇一个思想品德上没有问题的人就可以做到了（就像各种监考），根本不需要丰厚的专业素养来支撑。这不是自命不凡，而是对职业尊严的一种敬畏。吊诡的是，现实常常是把"师德"挂在嘴上，再孜孜不倦地以各种数据统计来考量"师能"，很少有人真正地去关注到底该如何做到"立德树人"。

我向来对"师德"好的老师肃然起敬，读着一些老师的事迹，我常常泪流满面。我敬佩从浙江名校退休拒绝了 200 万年薪、去贵州大山当支教校长的陈立群，云南省丽江市华坪女子高中校长张桂梅，我也敬佩多年来深耕一线、对语文教育有深入研究、影响了一大批普通老师的人民教育家于漪老师以及清华大学附属小学校长窦桂梅。他们都是有理想信念、有道德情操、有扎实学识、有仁爱之心的"四有"好老师。

在此还要多说几句，"师德"不能狭隘地理解成"悲情""隐忍"，更不可赞成"带病坚持上班"。在我看来，教师一定要给学生以健康、阳光、美好的享受。试想，一个教师上课时拄着拐杖或吊着盐水瓶，稍有人性的人都该于心不忍，学生岂能安之若素，专心听课？一个在权贵面前低声下气、唯唯诺诺、卑躬屈膝的教师，能教学生精神上"站"起来吗？一个人云亦云、照抄教参、搬运百度的教师，能让学生学会独立思考吗？一个脸上写着功利、势利，只会世俗、庸俗、媚俗，攫取分数不择手段，甚至还要粉饰自己所作所为的教师，能给学生奠定成长的大格局、大气象吗？

我们感动于教师的勤恳、无私、奉献、隐忍、牺牲，也不能忽视教学的"少慢差费"。如果工作一年，然后重复若干年，在这种情形下，让我谈什么"师德"，至少我会觉得没有底气。我时常会静下心来反思自己，之所以"很忙""很辛苦"，有时恰恰就在于自己的"师能"不足。

有些事情，不是"师德"二字所能扛得住的。对学生而言，师德与师能，一个不能少。

谁是你最喜欢的学生？

与同事陈老师聊起学生。她告诉我，班上有一个学生，成绩不好，但她很喜欢；虽然学习的效果并不好，但这个学生来请教的时候，她还是非常乐意为他答疑解惑的。我问什么原因。陈老师告诉我，因为这个学生有一个好习惯，每次从老师这儿走的时候，总会礼貌地说一声"老师再见"，并把凳子放回原处。

细节决定品位，做人做事都是如此。

这就是一个值得人喜欢的学生，我非常赞同陈老师的说法。

可悲的是，我们的教育在很多时候却不是这样，而是"嫌贫爱富"：老师用有色的眼镜去看待成绩优秀的学生，因而，就产生一种晕轮效应，这样的学生，一切都好，老师爱屋及乌，对这些成绩优秀的孩子也特别具有宽容心，即使犯了错误，也要为他们百般粉饰；而对成绩差的学生，老师往往觉得他们处处都比别人差，有时候哪怕不是他们的错，也要横竖打五十板，总觉得这些家伙肯定不会做好事，坏事是他们干的才是理所当然。

就是在毕业之后，我们老师常常能够引以为自豪的也是那些考上大学的，功成名就的。若干年后，一旦说起"某某长""某某家"时，总不忘自豪地说一声：这是我的学生。

我能理解老师们的这种自豪感，有这样的学生，我也会骄傲的。

但做老师的要理性地自知：你的学生很多，成就大事的人很少。固然，成名成家，只要是靠正当途径获得的，也自然为人称道。君子爱财取之有道，这是古圣贤说过的话。但是，于绝大多数人而言，社会是成金字塔状分布的，毕竟在最底层的人占绝大多数。你能说这些人不重要吗？这些人能用自己的勤劳和智慧来做好自己的本职工作，过好自己的小日子，不给国家添麻烦，这就不令人喜欢吗？况且，这些学生有现在的成就，未必就是你一人之功劳，何必要给自己脸上贴金，好像学生是你一个人教育出来的呢。当你在诉说着这些星光闪耀的学生并认为他们是你的丰功伟绩的时候，是不是也要在头脑中梳理一下：你曾经所教过的学生中是否有学生正身陷囹圄，而你会坦诚地对着记者说"这个囚犯，是我的学生"？

我经常会在一些"优秀"教师的事迹材料中看到这样的细节：某老师迫不及待地拿出一张多年前学生寄给她的大学毕业照，指着照片中带着博士帽的女孩儿，说那是她最喜爱的学生。

我不知道，这样的细节究竟能说明什么？如我一般的默默无闻的老师，也会经常收到学生在节日送来的贺卡、照片、信件之类的东西。我唯一的感受就是，谢谢这些孩子还记得我。至于说，他们上了大学，走上工作岗位之后还能记住我，那我也只是告诉自己，在他们的成长之路上，我为他们做过一些应该做的事情，而不是相反。

最令我不能容忍的是，这位老师居然把这位学生称为"她最喜爱的学生"。我似乎有种想向这位老师请教的冲动：你为什么最喜爱他？因为这个孩子上大学了？这是我能从材料中获得的唯一的信息。那么，这样一位优秀的老师，是不是在告诉人们，那些没有上大学的人，她是不喜爱的，或许，连做你学生的历史记忆也要删除？

我想，任何一位老师只要能有如此自知之明，就不错了，有时候，别奢望太多。

我经常会想起这样一个故事：

美国总统杜鲁门当选后不久，有位客人前来拜访他的母亲。客人笑道："有杜鲁门这样的儿子，你一定感到十分自豪。"杜鲁门的母亲赞同地说：

"是这样。不过，我还有一个儿子，也同样使我感到自豪，他现在正在地里挖土豆。"

有一句话说得好：做学生，你没有选择老师的资格；做老师，你没有选择学生的权利。

我的老师江锡铨先生

1996年，我到江苏教育学院脱产进修中文本科。

中文系的老教授们自我介绍时，撇撇嘴，眉角上扬，眼睛向天花板上看一看，然后用舒缓的语调对我们说：你们真幸运，居然还有我们这些老教授给你们上课，其他大学，基本上是年轻教师在带班的。言下之意，教授是不上课的。老教授们的自负和高调，一下子就让我们产生了敬畏和神秘感，心中暗想，或许看上去并不起眼的江苏教育学院，也是藏龙卧虎之地。

其中也有低调的老师，江锡铨先生就是其中之一。我们都叫他"江老师"，一方面，他虽然是中文系主任，却在"一线"教学，是一位令人景仰的学者，研究成果丰厚，享受国务院政府特殊津贴；一方面，我作为班长、系学生会主席和党支部委员，有几次参加了由江老师主持的会议，从他身上却看不到习以为常的官僚腔调和做派；更重要的，我一直坚持认为，在学校，学生无论面对什么长，什么主任，叫一声"老师"才能表达最贴切最美好的情感。

他教我们现当代文学，娓娓道来，声音并不张扬，语速倒是较快，有强大的气场。我们脱产班学生，大多是有过做教师经历的"回炉再造"的人，知道聚精会神是做好学生的不二法门，格外珍惜这来之不易的学习机会。课间，他跟学生闲聊，总是微笑着注视我们，毫无违和感和距离感，我们如沐春风。我刚出道做教师时，在学生面前常以有居高临下之威而自鸣得意，与江老师待学生如此谦和相比，立刻反衬出自己的"小"来。《小王子》中有一句话："每个大人都曾是孩子。"每个老师都曾是学生，可是，有多少老师还记得自己也曾是学生？其实，做老师，无需声嘶力竭，张牙舞爪，双手叉腰，横眉冷对，颐指气使，不管学历资历如何，把学生当成平等的人，学生自然会从心底里敬重老师。说实话，我来脱产学习的动机有些不纯，"挣脱"和"逃离"充斥在我的心头，而遇到江老师后，我意识到自己的无知和浅薄，对"大学之道，在明明德，在亲民，在止于至善"才有了初步的感受。这微风吹拂的窗口，透进一片纯洁的真理之光，我开始思索，开始疑问，开始摒弃，开始相信。

据消息灵通人士透露，江老师是北京大学毕业的。我们做学生的顿时觉得须仰视才见，崇拜和尊敬潜滋暗长，逢人便自豪地说，我们的江老师是北大毕业的。我读书起点低，一直耿耿于怀的是，1985年中考成绩优异，却被政策规定只能读中师，与大学失去了缘分，更不用说北京大学了——说起来，也是那一代中师生无法自控的命运，每念及此，悲壮之感油然而生。应了苏轼的那首诗："人生到处知何似，应似飞鸿踏雪泥。泥上偶然留指爪，鸿飞那复计东西。"有幸与江老师结下这份师生之缘，我总算与北京大学七拐八拐地产生了联系——请不要嘲笑我世俗的攀附嫌疑。若干年后，我终于有机会到神往已久的北大学习，聆听温儒敏等大师讲课，诚惶诚恐，不敢丝毫懈怠。坐在教室里，我常常浮想联翩，仿佛面前正是江老师们求学时伏案苦读的桌椅，似乎还能感受到精神的魅力，触摸到追求的温暖。我渴望能从北大人身上汲取到哪怕是一点点的自由、深邃而悠远的思想熏陶，化为前行的动力。流连于北大校园，徜徉于博雅塔下未名湖畔的幽径，穿越时光，想象能与江老师留下的脚印叠合，是多么幸运的一件事。课余时间，一次次到北大中文系那边去朝圣，心中飘过一个个北大名流影像，所有逝去的岁月都重新开花结果，所有往昔的梦幻都再现。教育教学中，我把江老师耳濡目染的感召与期冀，传递给我的学生，激励学生以读书为己任，鞭策学生志存高远，不要做井底之蛙。北大学习结束回校时，我左思右想，最终决定给班级里的每一个学生带一枚北大校徽作为纪念品，并郑重其事地别在学生的胸前。

江老师有一次讲到，著名作家吴组缃的姓名，被某个主管部门领导写错，以至于差点弄出尴尬的事情来。我们听了觉得不可思议：那么高级别的官员，竟然会把一个著名作家的姓名三个字写错两个！当然，在今天看来，可能已经见怪不怪了。江老师告诉我们，读书要认真，才能少出笑话。没有想到的是，后来，我真的出了一次洋相。有一次写小论文，我引用朱熹诗句"为有源头活水来"，竟写成了"惟有源头活水来"，也没细看，就把作业交了。等作业发下来，我赫然发现，江老师用红笔将"惟"字圈出，并在旁边作出了改正。这个细节，我刻骨铭心。后来我做语文老师，对凡是有文字的地方，无论是学生的作业、教室的墙壁，还是街头的广告，都多了一份关注和敏感。

我曾多次执教鲁迅先生的《藤野先生》，每次读到藤野先生给鲁迅先生修改解剖图的情节，就会情不自禁地想到江老师给我修改别字的情形。于是，心中也会再次念叨："每当夜间疲倦，正想偷懒时，仰面在灯光中瞥见他黑瘦的面貌，似乎正要说出抑扬顿挫的话来，便使我忽又良心发现，而且增加勇气了，于是点上一支烟，再继续写些为'正人君子'之流所深恶痛疾的文字。"

当然，那时的江老师，不黑也不瘦，40多岁的样子，儒雅中透着洒脱，文质彬彬又不乏帅气，由内而外的大家风范扑面而来，与我想象中教授的样子非常吻合。

但是，先生之风，是何等的相似！

我对江老师的印象，正合了田晓菲在抒写北大读书感受时所写："严谨治学，诚恳做人，我第一次体会到了'老师'二字的真正含义。"

两年时光匆匆而过。江苏教育学院毕业后，我在一番奔波漂泊之后，偏安于江南一隅，其间多次萌发去看望江老师的念头，但羞于自己成就乏善可陈，愧对老师教诲，一直不敢贸然造访。2017年，在一则新闻中，我看到江老师作为江苏省中华诗学研究会会长，莅临常州武进区讲学，心情激动，于是辗转找到了江老师的电话和微信。我斗胆问江老师是否还记得我。没想到，江老师回复道："记得记得，听说你现在在常州挺好。"时间过去了20年，江老师还关注着学生的发展，令我感佩。我只是把自己的微信公众号发给江老师，权当默默地向老师汇报我在做什么，不敢在老师面前多说什么。

我的王老师

初三时，王老师开始接手我们的语文，在他来之前，我对语文并不感兴趣。准确地说，是对语文课不感兴趣。王老师身材高大，眼睛像铜铃，第一次见到他凶神恶煞的模样，我就心生畏惧，有点像"套中人"一样，时常告诫自己：千万别出什么乱子，否则，我就是他这只老鹰爪里的小鸡，任人宰割了。他定格在我脑海中至今也没有消退的印象是"双手叉腰，满脸横肉，横眉冷对，怒目圆睁"。记得有一次我胸有成竹地到他面前去"过堂"背诵古文，谁知一到他的办公桌前，一看到他的眼睛，我的脑海一下子变成空白，原先背诵好的古文顷刻间灰飞烟灭。从此，我总觉得他那双极具杀伤力的眼睛，如影随形，在盯着我，让我规规矩矩地学习。他讲课文时，尽管我会为他的锦心绣口妙语连珠而陶醉，但一不留神碰到他凶恶的眼神便下意识地不寒而栗，就像开车时，即使没有违反交规也会害怕警察一样。不可否认的是，他的语文课上，时常会有些别的课上难得的笑声，感觉他上课时有些幽默，逗得同学们哈哈大笑。尤其是他的字，至少说，是我那时见过的最好的字了，所以，我总是在上课的时候模仿他的字，而女生的眼神则是目不转睛地跟着王老师而位移。

王老师是一位帅气与才气兼具，可爱与严苛并存，令人敬畏与喜爱同在的老师。然而，我越是小心越是会发生失误。有一件事的发生，终于摧毁了他在我心中那摇摆不定的一些好感，而彻底被恐惧所取代。

有一天上语文课时，我忘记带语文课本了。王老师注意到我这个坐在第一排学生的不安。我本以为他会放过我——根据我平时的表现，我自信自己不是一个让老师操心的学生。王老师只问了我一句："你的课本呢？"我低声答道："忘记带了。"刹那间，王老师立即咆哮起来，嘴里不知说了些什么，伸出长臂大手，硬生生地把我从座位上拎出来，像从土里拔萝卜一样，我的整个身体在空中沿一个直角的线路，被王老师从座位上"腾"的一下拎到讲台上空，稍作停留，我尚未反应过来，整个人已经"扑通一声"，重重地落在教室的门槛外。庆幸的是，我出身寒微，身体比较结实，加之那时教室外是泥土地面。要是像今天的学生一样弱不禁风，教室内外都是钢筋混凝土浇筑的话，估计已经是缺胳膊断腿了。

毕业后，我每每想到这个细节就滋生一种复杂的情感，我执拗地不去母校看望老师，也是怕遇见王老师。有次在街上，我老远看到一个身影，好像是王老师，我不敢确认，便连忙绕道而行。好一阵子，我似乎已经忘记王老师了。直到我也做了教师，王老师的形象又常常出现在我脑海中。因为自己有过这段经历，我常常把王老师作为我的反面教材，告诫自己，坚决不做"王老师"那样的老师。

随着时间的推移，我发现，很多教育上的事情没有我想得那么简单而纯粹，我甚至会觉得对待极个别学生，王老师的方法可能是最好的办法。比如，有学生习惯性地忘记带课本，经常不做作业，常常无缘无故在课堂上干扰别的同学学习时，我也会"怒其不争"，甚至会有种去揍一下这些小家伙的冲动。可是，王老师在我心头留下如此深刻的阴霾，让我高高举起的手轻轻放下，握紧的拳头慢慢放松。我多次想像王老师一样，"惩罚"那些"屡教不改"之徒，让他们能有一个刻骨铭心的教训，但想到自己的遭遇，便又抑制住冲动。

我常常会想，要是王老师对我没有如此严厉，而是听之任之，那么，我会怎么样——至少，在那个时候，我还是不会非常自觉的，也会耍点小聪明而置学习于脑后，时不时搞点小恶作剧令老师啼笑皆非。

坦率地说，我当教师后，对王老师的怨恨逐渐被感激所取代。可是，有一个令我倍感后怕的事，如果当年上级主管部门也像今天用"学生满意度"

来考察王老师，我相信很多学生一定会打"不满意"的。尽管我现在回想起来想到的是王老师的好，但谁愿意等待这个若干年后的满意呢？这是因为我有机会做了教师，与当年老师一样感同身受才会有的体会。那么，没有做教师的人，他们也会理解吗？我不知道。

王老师到底教给我哪些语文知识，提高了我多少语文能力，提升了我多少语文素养，现在我已无法说出了。但他有些不近人情的严苛，却让我对语文学习的敬畏之心一直保持至今。他腹有诗书的气质，他潇洒漂亮的板书，他不卑不亢的姿态，至今都让我自叹不如。

吴非老师在谈到《藤野先生》的备课时，说道："当一个人所接受的教育在自己的事业中起到作用时，他才有可能对以往教师的工作有正确的判断。藤野先生对作者的教育，不是当年的青年鲁迅能全面认识的。鲁迅先生的文章写于离开藤野先生的20年之后，鲁迅自己也成为教师，并且人到中年，他对藤野先生的为人有了进一步的认识，时日既久，崇敬更深。"有一首歌是《长大后我就成了你》，也许，只有长大了之后，学生对老师当年的教育才有较深的体悟吧。

理解，是一个慢过程。

也谈"老师没有学生精彩"

参加一个观课评课活动,一位老师的语文课堂教学中,学生表现得非常出色,积极举手发言,语言表达流畅,见解独特,思维缜密,可以看出"这个班学生素质高",听课老师也是掌声阵阵。相比而言,执教老师的表现则显得平淡无奇、乏善可陈,师生对话也是简单而干瘪,稚拙木讷,有时还不得不冒出"这一点老师也没想到""我非常欣赏你的看法"之类的话来。

意料之中,在评课的时候,有听课老师毫不客气地指出了这一点,并善意提醒执教老师要"修炼自己的教学基本功"等,否则,就要被学生看轻。

毋庸置疑,这些善意的提醒都是有道理的,是教师应具备的基本能力。所谓"要给学生一杯水,教师要有一桶水,甚至是一桶活水,最好像自来水一样源源不断"的说法,其实就是道出了教师先于学生的学,才能学高为师的道理。我也从大量的名师精彩课例中读到他们在课堂上的令人叹为观止的对话碰撞,适当的归纳总结、提炼补充。不可否认,能在课堂上秀上一段极富感染力朗诵的老师肯定会潜移默化地让学生喜欢上朗诵,书写漂亮的老师会令学生模仿他的书法,读书有广度有深度的老师会激发起学生主动阅读的意识。可以说,教师的精彩,对学生的发展有着极其重要的引领示范作用。

但是,从我观察的这节课来看,我想为这位老师说几句话。诚然,教师在课堂上确实没有人们所期待的诸如华丽的辞藻、流畅的过程、独特的思考之类的精彩表现,因而就显得有些"木讷""稚拙",而我们所掌握的一些量化评课标准,也大多指向老师,常常简化为"看老师课上得怎样",却忽略了"这节课学生学得怎么样"。其实，在我看来，学生的精彩恰恰让我看到了这位老师"背后的精彩"。因为学生的种种精彩表现，并非从天而降，如有神助，我猜想肯定与这位老师平常教学中所付出的努力分不开。排除公开课的偶然性因素外，我宁愿把这位老师在课堂上的表现理解为"显出了教学的朴素本质"，彰显了老师的"教是为了学"的理念。曾几何时，我们在观赏公开课的时候，下意识地把目光聚焦于老师，听课也是坐在教室的最后排，听课者只能透过学生黑压压的头顶去看老师的表演，至于说课堂学习的主体——学生则往往成了老师的陪衬、"配合者"。有时，老师的确有很多可圈可点之处，煽情的演说，滴水不漏的板书，令人耳目一新的文本解读，教学流程的行云流水，这些都表现了老师的基本功，也是优秀老师应具备的素质。然而，我们陶醉于这些炫目的表现时，是不是该问问，教学归根结底是看老师的"教"还是看学生的"学"？如果老师一味地展现自己的个人才华，学生只顾着欣赏表演，到底能收获几何，就要打个问号。其次，老师过于在学生面前展示个人的优势，人生的，阅读的，阅历的，上通天文下接地理，固然会吸引学生，但无形之中也会给学生形成压力，他们对老师的顶礼膜拜取代了自己的思考，在一个近乎完美的老师面前，学生除了全盘接受，是不大敢发出自己的声音，乃至于异样的声音的。久而久之，在强势的话语面前，教师的声音成了主流霸权，学生的声音就会逐渐消失，自甘沦为观众和听众。

　　因而，在课堂上，教师其实是没有必要与学生争风头的。教师要适当地低调，甘愿做学生背后默默的陪衬者，甘愿做人梯把学生扶上更高的台阶，让学生踩着自己的肩膀，看得更高更远。如果教师自顾自讲得天花乱坠，舌翻莲花，有如滔滔江水绵绵不绝，学生也会跟着心动激动，但喧嚣过后浮华一片，落下一地鸡毛，这样的教学效率有多高，就值得深思。满足于一般的"有趣"的课往往失之于肤浅。要知道，学习并不是都"有趣"，还有很多时候需要"有理"的思考。幽默和笑话都给人带来笑声，但区别就在于，幽默在笑过之后给人以思考，而笑话则一笑了之。有时，教师为了避免自己的强势压住学生气场，遮蔽学生视野，还必须适当地示弱，俯下身子，弯下腰，放低身段，去倾听、理解、体验学生，设身处地地想学生之所想。陶行知先生早就说过，教师最幸福的是，培养出自己崇拜的学生。从另一个角度来看，这个班的学生能有精彩的表现，正是这位教师最大的成功之处。

　　我当然不是为教师基本功的低能而辩解，也不反对教师的个人才华横溢，更不反对教师以此来获得学生的喜欢和欣赏。这是必须的。但教学毕竟不能只停留于欣赏和喜欢的层次。上课也不是娱乐，听过，看过，笑过，甚至流泪过，之后该干吗还干吗，忘了刚才的节目也无所谓。正如爬山一样，老师带着学生在攀登，而不是自己"会当凌绝顶，一览众山小"。学生跋涉过程中望着老师高不可攀，跟着老师气喘吁吁，总是可望而不可即，那么，挫败感就会油然而生，兴趣也会逐渐丧失。师生同行的过程中，老师最好做到若即若离。学生落在后面，老师要提携；学生步履蹒跚，老师要推一把；学生走偏了方向，老师要在正确的方向上发出召唤。

　　成就学生的精彩，才是老师最大的精彩。一句话，离开了学生的学，老师在课堂上所有的精彩都是浮云。如果我们在观课评课的时候，把眼睛和心灵多贴近一些学生，淡化一下老师，也许这样的问题就不是问题。

语文老师要有"语言洁癖"

一位英语特级教师讲了这样一件事:一次,几个人在一起吃饭,在座的另一位英语老师为了活跃气氛,讲起了网上流传的一个段子——

有些学生初学英文时喜欢用汉语标音,学到了"English"一词时:学生甲标以"阴沟里洗",学生乙标以"应给利息",学生丙标以"因果联系",学生丁标以"硬改历史"。结果二十年后:甲成了卖菜小贩,乙成了银行职员,丙成了哲学教授,丁从了政。

这位英语老师听了这个笑话之后,一言不发。后来,竟然再也不愿和那位讲段子的英语老师成为朋友。他说:一个看不起自己专业,拿自己专业开玩笑的人,是缺乏基本的教师素养的,因此不愿与之交往。

我对这位英语特级教师的精神操守非常敬佩。一个具有专业精神的教师,首先应该尊重的就是自己的专业。而这种尊重,应该像爱护自己的眼睛一样去爱护它。

听学生讲话,留意学生讲得是否通顺、完整、好听,从中掂量出其语言表达能力和思维能力,进而有的放矢地进行教育;倘或有讲粗话、野话,就会下意识地去纠正。这几乎是语文老师身上的一种习惯,也是呵护专业自尊的一种表现。一位语文教育专家在讲座中提到一句话:语文老师要有语言洁癖。我甚为赞同。

前几年做班主任的时候,有个孩子刚进初中时,开口就喜欢说"靠"

"卧槽"，甚至还会时不时冒出不登大雅的词汇，我只要有机会都会提醒他注意改正。虽然他初中毕业后只是考上了一个普通高中，但他的言行举止可谓文质彬彬了。他害羞地对我说："梁老师，以前那些说话习惯，现在想想都不好意思。"比我高出一头的小伙子，腼腆起来。我对他说："看到你今天的变化，是我最开心的事情，为你高兴！"窃以为，这是我做教育中最成功的案例之一，远比分数从50分"进步"到60分，更让我有成就感——只是这样的成就感，需要"守得云开见月明"，教育有时就是不经意间的耳濡目染，有时就是慢慢的守候。

有学生受网络语言、社会环境等诸多因素的消极影响，说话时常夹带一些不雅词汇，像"傻×"或者一些"国骂""市骂"。学生在猎奇心理作用下，把那些泥沙俱下的东西模仿迁移到自己的话语系统中，久而久之，讲起话来，粗俗的语言就会脱口而出，而且习焉不察。殊为可悲的是，缺乏是非观的孩子，还会自鸣得意，把低级趣味当成引起别人关注的噱头，这是谁都不愿意看到的。我依然会提醒他努力改正这种无聊的做法。我尤其不能容忍，学生在教室里说脏话、粗话、野话。我知道，揭开一个疮疤会很痛苦，但不提醒，会有罪恶感，是对语文老师职业的不自尊。除了语文老师，还有谁会傻傻地做这件事？我会告诉他们，不能把社会上的一些恶习陋习带到学校里来。我也不是标榜自己为圣人，也可能会用一些粗鄙的语言来宣泄一下，但会注意场合分寸。至少说，学校是一个神圣的地方，古人都知道要"敬惜字纸"，你可以不学习不读书，但不可以亵渎。

2017年7月13日《新京报·书评周刊》，登有宋晨希采访钱理群先生的一篇文章，其中谈到《鲁迅全集》第一卷中的《论"他妈的！"》。文章说，"他妈的"是中国的"国骂"，每个人都会骂。鲁迅说他在农村观察到一个很有趣的现象，一对父子在一起吃饭，那天的饭菜非常好吃，爸爸就对儿子说："他妈的，你吃吧。"儿子则回答说："他妈的，你吃吧。"这里的"他妈的"跟我们今天说"亲爱的"意思差不多。亲爱的，你吃吧。所以作为国骂，大家都非常习惯了。但这样的国骂是不能登大雅之堂的，也从来没有人写文章谈"他妈的"。鲁迅论了什么，其实就是考证了"他妈的"作为国骂是从什么时候开始的。骂人从来就有，中国古代就有，《诗经》时代就有骂人的，但那时候骂人不骂"他妈的"。骂"他妈的"是从什么时候开始的呢？是从晋代，这是鲁迅考证的结果。为什么从晋代开始？晋代有门阀制度，讲究出身，你出身大家族，就前途光明；你出身寒门，就什么都没有。在这种等级制度下，那些寒门出身的人当然对大家族非常不满，但又不好也不敢公开反抗。那怎么办？只好曲线反抗，说你为什么神气，不过是有个好妈妈，那我就骂你妈，并从这里得到快乐。但鲁迅说这是卑劣的反抗，他从"他妈的"这句国骂里发现了两个重要的东西：一个是体制中的等级制度，另一个就是国民性的弱点——卑劣的反抗，而不敢真正地、正面地去反抗，并因此得出结论：只要中国还有等级存在，中国就会不断地有国骂。

鲁迅先生指出，"国骂"是"国民性的弱点——卑劣的反抗，而不敢真正地、正面地去反抗"，读懂这句话，或许我们就能理解，出口成"脏"的往往是一些学习落后、行为习惯不招人待见的学生。虽然学生成长不仅仅是语文老师的责任，但至少不能等闲视之，袖手旁观。

以前在乡下教书，一位老教师给我讲过一个段子：乡镇上一些干部的文化水平不高，常闹出笑话。一副乡长识字不多，把"柬埔寨"读成"练捕寒"，后来，这位干部下乡检查工作，老百姓便戏说"练捕寒"来了。我不知故事的真假，但我常把它作为一个反面的教材，告诉农村孩子，读书识字是很重要的。孩子们在哈哈一笑之后，我想应该会若有所思的。

语文老师，看到有文字的地方，常常会有职业敏感，看到错别字、不通顺的句子、用错的标点，就自然涌起一种不舒服的感觉，产生想去纠正的冲动。好多次，在监考的时候，百无聊赖，就欣赏教室后面的黑板报，以及墙壁上粘贴的各种带有文字的图片等，发现有不对劲的地方，事后总要给这个班的班主任或语文老师提个醒，要让每一面墙壁说话，更要"说正确的话"，以免以讹传讹，误导学生。

"语言洁癖"不仅仅是字面上听到的和看到的"正确使用"，还涉及弦外之音，这是所谓的"语言品质"。

有一次，镇里组织教师开会。一位干部中午喝了点酒，微醺地走上讲台，开始给老师训话，提问一个语文老师："这个会议很重要，你要不要好好学习？"语文老师不卑不亢地回答道："我要学习，你也要学习。"台下掌声雷动。一句话，听者多盛赞这个回答堪称经典。

生活中见语言粗鄙者，便往往敬而远之。乘出租车，有出租车司机却抱怨"排了这么长时间的队，还是一个短途的客人"，言语之中，牢骚不满，令坐车人也浑身不自在，似乎我影响了他的生意一般，因此全程无交流。发现一学生未交作业，询问，答曰："不是交给你了吗？"老师听着，显然画风不对。后来，我以此为例对学生讲，生活中应少用反问句。

类似的事情，比比皆是，作为语文老师不能熟视无睹。有人见语文老师喜欢咬文嚼字，喜欢较真，戏谑为迂腐，不无嘲讽之意。果真如此，我觉得语文老师不必惭愧，反而应该觉得自豪。我不赞成像孔乙己那样纠缠于"茴香豆的茴字有四种写法"，但在我看来，作为语文老师，要有"我即语文"的意识，以及"虽千万人吾往矣"的精神。

育人与育己

教学《敬业与乐业》，在跟学生一起品味语言文字，一起品读梁启超先生慷慨激昂的演讲词时，我不断地变换着角色，一会儿我是引领学生向青草更青处漫溯的语文老师；一会儿，我又情不自禁地把自己想象成坐在台下聆听演讲的一个听众。学生的业，自然是学习；老师的业，则是坚守心灵的家园，开垦出一片属于自己的生机盎然的教育田园。感受梁启超先生殷切希望大家发扬敬业、乐业的精神，去过人类合理的生活情怀的时候，我也不断地给自己的心灵除尘。

作为老师，一个语文老师，经常会对学生耳提面命，谆谆告诫，要爱学习、爱劳动、爱语言文字，可是，扪心自问，我自己做到敬业和乐业了吗？

梁启超的文字，经由阅读缓缓烛照我的精神，让我又一次叩问自己的心灵。读这些文字，我想到了自己，曾经也为无可奈何地走入这个行业而痛苦彷徨，甚至也一度想离开这个岗位。然而，正如梁启超所言："至于我该做哪一种劳作呢？全看我的才能何如、境地何如。因自己的才能、境地，做一种劳作做到圆满，便是天地间第一等人。"大概人都喜欢这山望着那山高，总认为自己是千里马不遇伯乐，天生我才却不遇明主。读了梁启超先生这样的话，应该要能"认识自己"。开始的工作，我对教育并无感情，就谈不上"敬业"与"乐业"了。而今，我已在这个岗位上走过了20多年，身边的人流水般变换着角色，而我所处的环境也不断地发生变化，唯一不变的是，我与教育岗位经历了一个不寻常的"先结婚后恋爱"的过程。从最初的懵懵懂懂遵从父母之命的极不情愿，到现在爱上她，既有鲜花与掌声，也充满坎坷与激荡。从小学到中学，从数学到语文，从管理岗位到普通教师，从苏北到苏南，从农村到城市，从一般学校到名校，从民办到公办，我几乎走过所有类型的学校，承担过学校里的多个岗位的工作。在不停的奔波中，路边的景色尽收眼底，也就看淡了来来往往起起落落。回归到语文教师的岗位上，我体味到语言文字的温暖馨香，感觉到自己的脚是踏踏实实地落在大地上的。

  我常对自己说，工作也像恋爱一样，不爱他，就请离开他。我时常告诫自己，对学生和教育工作，不要发泄种种牢骚和不满。也许，学生、社会、环境没有我想象得如意和诗意，但这是我自己缺乏应有的认知，而不是社会的问题，因为社会不是真空，有时"乱花渐欲迷人眼"，有时"晴空一鹤排云上"，有时"落花有意流水无情"，有时"几家欢喜几家愁"，但我们可以追寻"相看两不厌，唯有敬亭山"的境界。我也知道，学生都是未长成的人，不是完美的人——如果都是完美的话，教育就失去了很多令人着迷的魅力，没有了跌宕起伏的挑战，没有了峰回路转的智力游戏，甚至，没有了不可预知的未来的种种美妙憧憬——未来的魅力就在于此。未来，不是我们要去的地方，而是要我们去创造的地方。梁启超说得好："总有许多层累、曲折，倘能身入其中，看它变化、进展的状态，最为亲切有味。"况且，社会不可能为我而改变，教师也不可能选择学生，只能适应学生，唯一要改变的只是我的心态。时常看到有教师对学生不满、对同事不满、对环境不满，以前我冲动地规劝别人，但我更理解和体谅的是，这个世界上，每个人都有自己的活法，参差多态乃幸福的本源。我不想去改变别人，就反躬自省：自己的工作做得怎么样。坦率地说，我刚开始工作时，还没真正地入门，工作还没有适应，课还不会上，班级还不会管理，面对一群生龙活虎的学生，聪明可爱的，调皮捣蛋的，冥顽不化的，举一不能反三的，我也会牢骚满腹，自怨自艾。但现在我更加明白的是，自己当初缺乏应有的适应社会的能力。我知道，在我国国情下，学生和家长不能选择老师，倘若有这个可能，不知道我是否还有这个底气去埋怨学生。至今，我最后悔的是，我入行才几天就发现了很多所谓的"学生不好"，在无能为力的时候，便以贴标签的形式认定几位同学"朽木不可雕"。回想起来,那是对自己没有准确的定位,也是极不负责任的做法。现在,每当遇到一个暂时不能学好的学生,我,不是先责问孩子和家长,而是首先问问自己是不是一个合格的教师,我的工作是不是已经尽善尽美、无可挑剔。

梁启超认为,所谓"敬业",就是忠实二字。也就是朱子所说的"主一无适便是敬"。他自己也解释为"凡做一件事,便忠于一件事,将全副精力集中到这事上头,一点不旁骛,便是敬"。他借用《庄子》中记佝偻丈人承蜩的故事,说道:"虽天地之大,万物之多,而惟吾蜩翼之知。"这个甚嚣尘上、泥沙俱下的世界,充满了种种诱惑与精彩,但是,这些是不是都适合我,需要仔细考量。这山望着那山高,见异思迁,左顾右盼,最终往往患得患失。流年倘若安然过,年华未逝犹彷徨。在犹豫与徘徊中,消了颜色,褪了芬芳,望尽天涯路,魂断肠,却不知梦在何方。

我对自己说,世界上任何一项工作都可以敷衍了事,唯有教育工作马虎不得。在我们的手下,天使和魔鬼都可能产生。人是要有一种责任意识的,你可以不伟大不崇高,但从事教育工作绝对不能不守住底线,因为这里关系到几十上百个孩子的明天。梁启超的"敬业",就是责任心的最佳注解。

我还要对自己说,人与人是不一样的。大师固然值得敬佩,但真正扛起脊梁的,不是几个呼风唤雨的风云人物,而是无数个普普通通的教师来铸就这个伟大基业的。这些默默无闻者,也许没有论文发表,没有课题研究,没有学术讲坛,甚至连一次校外的公开课都没有机会出头露面,但这些老师默默地做着自己应该做的工作,每天上课、批改作业、找学生谈话,为落后学生补习,输送着合格乃至优秀的毕业生,这些都是实实在在的工作。教育工作,往往不是在办公室里抄写备课笔记,不是在网络上聊天消磨时光,不是在各种论文评比中拼凑虚构,不是在所谓的课题研究中自欺欺人,不是天南海北地飞来飞去,不是墙内开花墙外香,不是像娱乐明星一样到处出镜走秀,而是要把这些貌似琐碎之事一件件落到实处。奢望教育离开实际,拎起头发把自己挂在空中的人,不是真爱教育。教育不是不食人间烟火,不是只有诗意的描述,绝对离不开筚路蓝缕,披荆斩棘,贴着地面行走。教育可以不做，但不能假做。假做是贻害子孙万代的事情，比三聚氰胺、瘦肉精、苏丹红残留在体内还要毒害无穷，因为它是辐射人的精神领域的事情。一切虚伪、造作都将会受到应有的惩罚，哪怕一时获得利益，但吃了不合适的东西终究是要反胃的。

人要有敬畏之心。于教师而言，教育是值得敬畏的。敬之乐之，就如孔子自述生平时说的那样："其为人也，发愤忘食，乐以忘忧，不知老之将至云尔。""这种生活，真算得人类理想的生活了。"语文教材上的不少文章，虽说负载着教育学生的价值，何尝不是让教师荡涤心灵的一剂灵药。如果老师自己都不能被语言文字所感动感染而心动激动行动，又怎能抵达学生的内心深处？

借用梁启超的结束语：望诸君和我一同受用！

站在学生的角度，很多事情不是我们想象的那样

著名教育专家李希贵先生在一次演讲中说道：

我在高密一中的时候，下午第一节课总是有好多学生迟到。应该说那个时候老师管理非常严格，老师管理学生的积极性非常高，但是总是有学生迟到，特别是在学生公寓就住的学生更容易迟到，他们老是去抓学生。后来我们经过分析，发现背后的原因不是学生，而是我们起床的铃声到上课的时间太短了。而且呢，这个中间他们要洗一把脸的时候，洗手间的水龙头太少，学生要排队，所以以至于那些爱干净的孩子就容易迟到。所以我们通过增加水龙头杜绝了迟到，而不是靠纪律杜绝了迟到。还有一个呢，就是乱扔馒头的学生，我们德育处老想开大会对学生进行教育，我说不可以，你们研究研究到底背后的原因是什么。一调查学生才知道，这个馒头太大了，吃一个不饱，吃两个吃不了，那么只好扔半块。所以，把馒头做小了，而且增加了小的花卷、包子就解决了这个问题。

思考李先生所讲，我们不难发现，学生迟到，乱扔馒头，并非故意"不遵守常规""浪费粮食"，背后隐藏的可能只是一些技术层面的事情，而不是道德层面的事情。

教育中的很多事情，如果站在学生的角度，就不是我们想象的那样。

上课时，我投影出示了鲁迅先生写作《故乡》的背景材料，请一位男生来读一下。可是他站起来后，抬头看看大屏幕，又低下头，一言不发，然

后不停地重复着这个动作。同学们也着急起来，可是他依然这样。我只好请他坐下。本来想要他到办公室里谈谈的，又觉得那样做太郑重其事，就趁课间休息时，到教室外跟他聊聊。他告诉我，眼睛在暑假里受伤了，一只眼睛无法辨别色差，所以，虽然大屏幕字迹不小，对比度强，但还是看不清。果然不出我所料，肯定有特殊情况，否则，学生不会如此敷衍，况且那些文字也不深奥，他没有其他理由拒绝读。我说："那你上课时可以直接告诉我呀，免得我们在那干着急呢。"他有些不好意思地笑笑说："怕别人笑话。"

后来，大凡要板书或投影的内容，我总喜欢走到最后一排，问问坐在那里的同学，黑板上的字或屏幕上的字能否看得清。

那一年我当班主任。有一次，上课起立了，我发现中间一个男生站得很不端正，身体歪着，脚弯着，整个人身体扭曲着，似蹲非蹲。下课后，我问他为什么"站没站相"。这个高个子男孩委屈地告诉我："老师，我们课桌之间的距离太小，课桌又太矮，中间还夹着凳子，还有书包，腿没地方放，我站起来很麻烦，很吃力，所以样子难看了。"我到他的座位一看，桌凳之间，果然是没有"立足之地"，我坐下，试着做了一个起立的动作，确实是无法站直。教室空间有限，学生人数多，个头儿高的孩子，腿脚没有办法自如地安放在课桌下面，坐相不太雅观，站立的姿态只能马虎了。原来，课桌的高度，限制了学生的身体——学生是活生生的人，又不是一块木头。

后来，我把课桌之间的空间尽量拉开，确保每个学生能灵活地起立和坐下。我感觉到了学生身体伸展的舒心快乐。如果我认为这个学生对上课缺乏敬重而予以谴责，可能就冤枉了学生。

有一天，子路（仲由）和子贡（端木赐）看到颜回在煮粥，正好看到他煮粥的时候偷吃粥，所以他们两个就跑到孔子那里去告状："老师啊，你不是说颜回圣贤吗？我就不这么看，你叫他煮粥，我和大师兄就看到他在偷吃，这难道是圣贤所为吗？"

孔子并没有立即回答，而是说："你们等一下，我喊他来问一下。"于是就叫人喊来了颜回。

孔子说："颜回啊，粥煮好了吗？煮好了盛上来，我们先来祭祀。"颜回一听，马上道："不行啊老师，粥已经不干净了，刚才我煮粥的时候，突然刮风将一块洋灰刮进了粥里，我不忍心将它扔掉，就自己吃了。"孔子笑呵呵地看着子路和子贡。

圣人孔子的这个经典的教育案例告诉我们，眼见也不一定为实。颜回之所以能逆转，乃是孔子善教的体现——作为教育者，要善于透过现象看本质，不依片面之词、表面现象就轻易给人作出评论。

站在学生的角度，并不是说要放弃教育的基本原则，而一味地迁就和纵容学生。只是，我们面对教育问题的时候，不必草率地给学生定性，盖帽子，把行为上的不当简单地上升到道德层面。

想到了一句耳熟能详的教育名言：做教师，多想想，假如我是孩子，假如是我的孩子。

不要做"教奴"

在全国减负热浪一阵高过一阵之际，我却看到这样一则新闻：

杭州一9岁女孩因为完不成作业，吞下了20粒泰诺（一种治疗感冒的药物），家长发现后，她被紧急送往杭州市中医院，接受洗胃急救……

西湖区某初三学生元元每天至少要做5个小时的寒假作业……看看这份作业清单：

英语：24张试卷（平均半小时一张）。

数学：6张试卷（每2天可以完成一张），自己买一本习题书完成两章的习题。

科学：《亮剑》27页，寒假作业本；《世纪金榜》40页，复习1—4册书（《亮剑》和《世纪金榜》都是一种课外辅导作业）。

语文：30套试卷，默写、订正50首古诗，两篇话题作文。

今年寒假，除了完成作业外，妈妈还为她安排了5天的家教，懂事的她没喊一声累。只是无论何时打电话给她，她都在书桌前做作业。

原本应该是快乐的寒假，小孩子却没有快乐，而是在沉重的作业下，跋山涉水，差点魂断于作业的汪洋大海，实在令人感慨。

这么多的作业，既有老师"好心"而布置的，也有家长"望子成龙，望女成凤"外加的。可怜的孩子，弱小的肩膀如何承受得起？

减轻学生过重的课业负担，不知喊了多少年，却是越减越重，许多有识之士都给出了种种良方，然而，雷声大雨点小，隔靴搔痒，结果是涛声依旧。有人戏称，减去负数，等于增加正数。不少地方都出现了学生因不堪忍受课业过重负担而采取极端行为的新闻，很多地方和领导引以为自豪的"高升学率"，都是牺牲学生的身心健康换取的。当局者们在宣扬自己的政绩时，有没有想到"一将功成万骨枯"，带着血腥的分数，怎么就不能让一向自诩"以人为本"的领导者、教育者稍微良心发现——也许，这些现在已经不再是新闻了。想起早几年，在某地方就曾经高喊"揪，死揪，往死里揪"的令人发指的口号，更有个别校长在教师大会上说出"只要把他送进大学，哪怕他一进大学就死"这种毫无人性的话，而一些非教育界人士，则大言不惭地提出"要用抓GDP的精神来抓升学率"，层层下达指标，把教育当成了抓产值、抓效益的工业，连"百年树人"的常识都忘记了。不少领导一方面道貌岸然地声称执行政策不走样，一方面又不忘来一句"但是，升学率依然是学校的生命线"，前面的信誓旦旦顷刻土崩瓦解，灰飞烟灭，付诸笑谈。学校，这个圣洁之地，充满了压抑和窒息感，何谈令人神往？更有多少老师，多少被称为"优秀"的老师，他们沾沾自喜的是"让学生看到我就毛骨悚然，小腿发抖"，再联想到现在，即使上级一再三令五申要减负，下面的学校就是存在侥幸心理，搞"上有政策，下有对策"：上面说减少学生在校时间，下面就压缩学生休息时间，中午吃完饭，学生连喘息的时间也没有就赶紧投入到书山题海，课间上厕所也恨不得一溜小跑；上面说网上公布课表，下面就用两份课表，一份应付检查，一份实际实施；上面说不许组织学生补课，禁止有偿家教，下面就暗示学生和家长申请到校自习，一个个"被自愿"放弃节假日到学校学习；上面说午休时间不许整班上课，下面就开始争夺学生，拉到别的地方去开小灶。学校里没有了欢歌笑语，没有了自由呼吸的空气，鸟语花香只能靠想象。书本不具有心驰神往的魅力，成了面目狰狞的软刀子，学生的视野里除了考试，就是分数的排名。成绩无法名列前茅的学生，品尝的总是失败的苦果，除了学业优秀，其他一切都失去了存在的价值。真令人不得不感慨，中国教育简直是病入膏肓，无可救药。

有人戏称老师大致上可以分为这几类：教侠，教奴，教痞。所谓"教奴",就是完全忠实于现行不合理教育制度而无怨无悔地推行这种不合理的制度。这种人占了老师人数的绝大多数,他们任劳任怨,勤恳工作,他们工作的所有目的和意义,就在于让领导肯定,让学生们考高分,他们没有想过我们的教育是否有问题,我们的孩子是否越来越病态,他们全部的热情来自一个月的工资和领导给予的精神奖励,他们忠实于教育法规和教育制度,他们从不怀疑。也许,很多老师就是在应试教育的浸淫下成长出来的,因而也具有了应试教育的奴才相:有了主子,一定以奴才自命;而一旦做了主子,就以一切别人为奴才。民间有个俗语说得好:熬成婆的媳妇比婆狠!或许,这些老师是在疯狂地发泄自己所曾遭受的折磨吧。

希望我们的教育回归正常,希望教师不要再疯狂,记住自己该做的是教育教学,帮助学生成人。记得有人曾说过,中国历史上,人们独尊孔子为教育家,因为他的思想是"有教无类,因材施教",而很少有人尊孟子为教育家,因为他的快乐是"得天下英才而教之",二者的境界迥然不同。即使孔子弟子三千,也有不成器的,没有善终的。孔子的学生宰我白天睡大觉。孔子说:"朽木不可雕也,粪土之墙不可杇也"。宰我询问五帝的德行,孔子回答说:"予非其人也。"宰我做齐国临菑的大夫,和田常一起同谋作乱,因此被灭族,孔子为他感到羞耻。

能否成才是要看个人造化的,千万不要以"教考"为目的来做傻事,还逼迫学生做傻事;自己做得很累,也让学生跟着受累;自己把工作当作机械重复,也让学生丧失学习的乐趣——那样做的人,连"教书匠"也算不上,更不应该称为"教师",最多,只能获得一个雅号——"教奴"。

"最感谢那些曾经看轻我的人"

当今世界足坛最炙手可热的巨星——梅西,在获得"世界足球先生"后不久,有记者采访他,问:"你的成功最感谢的人是谁?"他说:"最感谢那些曾经看轻我的人。"

记者愕然,梅西又说:"如果没有那些嘲讽和轻视,我会一直以天才自居,阿根廷从来不缺乏天才,但最后真正成为可用之才的却寥寥无几。""你不认为自己是天才?""是的,父亲的一句话让我受用终身,也激励我走到今天。""哪句话?""那是我即将来到西班牙的前一天,父亲郑重地告诉我:孩子,从此你不再是个天才了。接下来的路,我不想再有人把你捧上天,但希望你能够放低姿态,靠拼搏和汗水一步步地攀上天。"

梅西初涉足坛时,因为"太小了,并且他是那么瘦弱"差点被拒之门外;当他被查出"患有发育荷尔蒙缺乏症",最需要俱乐部雪中送炭拯救足球生命的时候,却换来了同伴们的嘲笑——"侏儒""小矮人",俱乐部老板甚至对来恳求帮助的梅西父亲说:"阿根廷最不缺的就是足球天才,你们还是另谋出路吧。"梅西父亲最终决定,为了孩子的足球梦,把他送到西班牙寻求解决之道。在新的环境里,他仿佛脱胎换骨一般,训练刻苦,不惧伤痛,意志力强,在不乏天才的巴塞罗那青训营,很快脱颖而出。"金童""天才""未来球王"等赞誉接踵而来。

梅西在最需要人给予帮助、提携,"雪中送炭"的时候,却收获了嘲讽、讥笑,不得不"另谋出路"。有些人,不仅不会在别人最需要的时候伸出手来拉一把，反而会借机打压，落井下石。古往今来，这样的例子不胜枚举。如果说那位俱乐部的老板有眼无珠、鼠目寸光的话，我相信像他这样的人在我们这个国度里其实也很多。读一些全国著名特级教师的成长记录，我发现一个很有趣的现象，那些今天在教育上颇有建树的教师，大多都有漂泊的经历，他们在原来的工作单位，或是受到排挤，或是受到轻视，或是受到打压，那些领导们也是一副落草为寇的山大王心态，似乎我就是如来佛，你哪怕是孙悟空再怎么跳也跳不出我的手掌心，竭尽所能，公权私用，对这些有思想有抱负的教师处处设置障碍，不给外出学习的机会（有些老师连自费外出学习都不被批准），不给荣誉称号，不让出头露面，"说你不行行也不行"，他们的思想意识中就是要"为我所用"，"我叫你干什么你就干什么"，一旦这些老师有了自己的空间，就施以打压钳制，直至逼迫他们背井离乡，外出寻求发展之路。有些老师由于在本校无法施展自己的才智，只能到外面去寻求话语空间和生存空间，俗语说"墙内开花墙外香"，估计就是这样的意思。记得有人曾说过一句话，中国的领导者，最喜欢用的是"相当于自己能力水平百分之七十五的人"，他以自己的标准为刀斧，比自己短的强行拉长，"说你行不行也行"，比自己长的则毫不留情地砍断，"武大郎开店——比自己高的不要"。于是，在平庸的领导那里，成天吹捧的就是那些扶不起的"阿斗"——因为他知道，这样的人再怎么捧也到不了什么高层次，更不会挑战领导的权威。这些人已经不是人，而是领导手里的一颗棋子、一个工具。

如果教师在工作中遇到"被人轻视"的情形，那么，我要恭喜你了。因为这表明，你已经有了来自外在的动力、压力。你不会把自己的命运寄予一人身上。它会刺激你，磨练你，只能让自己做得更好，成为最优秀的人。一个障碍，就是一个新的已知条件，只要愿意，任何一个障碍，都会成为一个超越自我的契机。你要像梅西一样"放低姿态，靠拼搏和汗水一步步地攀上天"，所谓置之死地而后生。

其实，人生必须渡过逆流才能走向更高的层次，最重要的是永远看得起自己，而不是别人暂时对你的看法。

以前读到一则故事：有一天某个农夫的一头驴子，不小心掉进一口枯井里，农夫绞尽脑汁想办法救出驴子，但几个小时过去了，驴子还在井里痛苦地哀嚎着。最后，这位农夫决定放弃，他想这头驴子年纪大了，不值得大费周章去把它救出来，不过无论如何，这口井还是得填起来。于是农夫便请来左邻右舍帮忙一起将井中的驴子埋了，以免除它的痛苦。农夫的邻居们人手一把铲子，开始将泥土铲进枯井中。当这头驴子意识到自己的处境时，刚开始叫得很凄惨，但出人意料的是，一会儿这头驴子就安静下来了。农夫好奇地探头往井底一看，出现在眼前的景象令他大吃一惊——当铲进井里的泥土落在驴子的背部时，驴子将泥土抖落在一旁，然后站到铲进的泥土堆上面！就这样，驴子将大家铲倒在它身上的泥土全数抖落在井底，然后再站上去。很快地，这只驴子便得意地上升到井口，然后在众人惊讶的表情中快步跑开了！

就如驴子的情况，在生命的旅程中，有时候我们难免会陷入枯井里，会有各式各样的泥沙倾倒在我们身上，而想要从这些枯井中脱困的秘诀就是：

将泥沙抖落掉，然后站到上面去！

这世界从来就没有什么救世主，一切都要靠自己。如果梅西本身就是一个庸常之辈，在别人的冷嘲热讽中自甘堕落，自身没有高远的追求和不抛弃不放弃的信念，没有坚忍不拔的训练，那么，梅西也不会是今天的梅西了。

感谢那些看轻你的人！

最好的培训是自我修炼

参加一个"全国性"的教学研讨活动，我身边有名师的几位粉丝，不停地拍照，不停地感慨："真精彩，我上不出来这么好的课"。

课间，我随便与几位老师聊："你们觉得他们的课精彩在什么地方呢？"几位教师一怔，支支吾吾，不知道怎么回答。有的说："反正就觉得挺好的。"有的说："学生举手挺积极的。"有的说："老师的朗读水平，可以与播音员媲美了。"……我又问："你们读过教育教学方面的著作吗？"回答是："没有。不喜欢读教育教学类的书。"我再问："你们喜欢读点什么呢？"回答："《读者》啊，报纸副刊上的散文之类的。"

下一节上课时间到了，我的随机访问也就此作罢。几位青年教师的回答比较诚恳，让我想到一个教师的培训问题。相比而言，能来参加研训活动的老师，原本已经很不简单了。他们毕竟走出自己长期所处的"井底"，打开了视野，看到了身边没有的风景，说不定还能反思到自身的不足。

但是，他们对名师好课只知道"好！鼓掌"，而不知道"好在哪里"，原因何在？其实，他们的回答中已经有了答案，不喜欢读教育教学类的书，观课议课还停留在课堂教学的形式、手段上，并未触及语文教学的深层次问题。他们可能把培训就当作听课听讲座，带着一个容器来装一些东西，而忽略了阅读和思考。缺乏理论支撑，所谓培训学习，获得的只是一些表象皮毛。即使看上去做了"恨不得记录下名师所讲的每一句话"的"学习笔记"，回去之后，是否还会再拿出来反刍一下，是否会借鉴名师的成果取长补短，改进自己的课堂教学，尚不得而知。

关于教师培训，我觉得自己还是有些发言权的。一是作为被培训者，这些年来，从校级到市级，到省级，到国家级，到国外培训，我参加了个遍；二是作为培训者，我也从校级，到市级，到省级，到国家级，参加了个遍。暑假有几个培训活动，我应邀参加，或是讲座，或是上课，或是兼而有之。培训的内容，基本上是听课，听讲座。稍微好点的是有学员与讲座者互动。仅此而已。

我认为，最好的培训，不仅是听专家讲座，看名师上课，更是自我提升，在"伸颈，侧目，微笑，默叹，以为妙绝"的怦然心动之时，需要仔细辨别，认真思考，勤于实践，自出机杼。

2004年12月6日，央视《东方之子》栏目播出了"陈省身访谈录"，其中谈到一个细节，耐人寻味。1946年，陈省身在上海筹办中央研究院数学所，吴文俊（中国数学机械化研究的创始人之一，著名数学家，2001年第一届国家最高科学技术奖的获得者）听到了这个消息，投奔而来。没想到一次见面改变了他的命运，陈省身把他安排到图书馆工作，让他安心学习。一年后，陈省身找到正在图书馆看书的吴文俊说是要吴"还债"。陈省身说："你看人家前人写的书，写的著作。这是前人的债，这个债你得还就这个意思。你自己得写论文，用这种方式来还欠前人古人。"

陈省身这一"非常之举"，实际上就是要吴文俊到书籍中去"自我提升"。不读书，无以言。没有积累，就没有沉淀；没有沉淀，就没有思考；没有思考，就没有自己的思想；没有自己的思想，就没有办法与人交换信息。当累积到一定量的时候，会自由而灵活地与每个人对话，不管是古人今人。所以，我现在作为常州市"特级教师后备人才高级研修班"和"常州市青年教师英才培养对象"的导师，我首先布置给这些具有潜力的教师的第一任务就是自己读书，读几本教育教学的经典著作，然后我们再来谈发展。作为一个老教师，需要经常带徒弟，我也不赞成青年教师成天拿着一张小板凳，坐在教室里听我上课。我认为，青年教师不必刻意模仿我，偶尔听一两节课，再多读点书，带着思考，甚至是带着质疑，"奇文共欣赏，疑义相与析",这才是最佳状态。如果不能有自己的独立思考,大脑就会成为驰骋他人思想的跑马场。

有很多青年教师,有追求专业发展的愿望,也跟我当年一样喜欢听课和听讲座,属于追星族,成了很多名师专家的粉丝。这是一件非常好的事情。我要为这些青年教师点赞。可惜的是,有些老师热衷于走南闯北,追着明星看他们的表演,而观摩过后,只会感慨:"课很精彩啊","我上不出这样的课"。这属于知其然而不知其所以然。纵然你参加了一千次的活动,也可能是重复了一千次而已。我们所看到的是名师们的一节45分钟的课,但这个背后,却有很多的思考,值得我们反复去研究解读。我们不仅要感性地认识到"这节课好精彩啊",还要知道"为什么这么精彩",就不会只是"外行看热闹",而是成为行家里手。一些教育名著会用学理告诉你,为什么有人上课如此精彩,而我上的却是如此一般。这就是需要在一些教育教学的理论著作中去寻找源头活水,静心揣摩,咀嚼滋味,敢闯敢试。

毋庸置疑,有些参与培训的专家,功力非凡,超群拔萃,像余映潮、黄厚江、肖培东、王君等老师,他们的课百听不厌,听了之后,确实心潮澎湃,跃跃欲试。又比如,孙绍振、王荣生诸先生的语文教学理论讲座,的确振聋发聩,发人深省。但是,无论是课堂上展示的45分钟,还是一两个小时的讲座,往往都是须臾之间,稍纵即逝,老师也不可能成天在外面去追逐他们。所以,如果要说我自己这么多年最大的收获,固然有现场聆听他们的讲座或观课,更重要的是在读他们的著作中"如切如琢,如琢如磨",反复研读,掩卷而思。

我有个习惯,听专家名师的讲座或公开课,时常把他们所著的文字和他们所讲的内容,以及他们在课堂上的实际行动,进行互证、比较。我发现有的名师确实所言和所行一致,怎么做就怎么说,怎么说就怎么做,从而成了一座高峰;有的则很遗憾,"说的比唱的还好听"。读书之后,可能就会多一些理性的思考,而不是盲从。俗话说得好,林子大了,什么样的鸟儿都有。不必讳言,也有些所谓的专家名师,不要看他到处露脸,常常在朋友圈里晒一下自己今天在这里讲座,明天在那里指导,其实是忽悠一族。有一次,我应邀赴某地"讲学",同行者有一位名师,在主办方招待的宴席上,一会儿说他昨天刚陪一个教育界大腕一起吃饭,酒喝多了,一会儿说他到哪里讲学,多少粉丝找他签名、献花。我本以为这位名师很有一套,谁知,他一会儿说,"我外出只讲座,不上课"。我不明就里,问为什么。该名师悄悄地对我说:"我上课不行,讲座就只要讲讲,别人并不知道我的真实情况,一旦上课,就会全方位暴露在观众面前,谁会傻傻地上课?"我听了心里咯噔一下,心生惭愧——因为我就是来上课的,看样子,在他眼里,我是很傻很天真的。我常常想,有些名师之所以捕获一干拥趸者,不是因为他们太高明,实在是自己读书太少,甘当脑残粉,浅薄无知把他们垫高了而已。与其花那么多的时间、精力甚至金钱去"周游列国",何不去买点书来读读,从而充实自己,提升自己?

"主动修炼",才是真正的培训。我们要学会站在名师的肩膀上,而不是总匍匐在名师的脚下。

"幸福都是奋斗出来的"

受聘担任"常州市第四期特级教师后备力量高级研修班"导师,作为九人导师团队中的一员,回味起六年前的2012年,我也是这个高研班的学员,真是时光清浅,恍然如昨。

兜兜转转,我竟然成了导师。尽管对自己几斤几两还算有自知之明,但我愿意把自己的真实想法分享给每一个愿意听的人。我在很多地方作讲座的时候,常会把自己遭遇的挫折、坎坷、失败告诉老师们,我戏称自己的"血泪史"能提醒老师们少走弯路,少犯我曾经犯过的错误。因为我觉得,成功的经验都是相似的,而失败则各有各的模样。

光阴荏苒,岁月如梭。这么俗的一句话,在我这儿却是真真切切的感受。真理就是这么朴素。

前些日子,朋友圈里一张张18岁的青春面孔袭来,让这怀旧的情绪更浓了几分。翻遍自己的相册,竟搜不出那时的一个画面。但是,那些流年岁月,又仿佛在眼前,不曾远去。

谁的青春不芳华?19岁时的我,走上讲台,却沉浸在无比失落的情绪中。于是,为了改变生存状况,疯狂地工作,在红尘滚滚中追逐自己的梦想,从小学到中学,从农村到城市,从苏北到苏南,从一般学校到热点学校,自己的行动抒写了个人历史上无数个"从……到……"。每一个省略号里,都有着无数的欢笑与泪水,不仅仅是空间上的位移,更有身体上的鼻青脸肿,有心灵上的伤痕累累,有期待的忐忑守候,有如愿的充盈收获。无法言说的种种，谈不上波澜壮阔，镌刻的却是一个教育人与时代和社会的纠葛，一个卑微者的宿命与抗争。"云淡风轻近午天，傍花随柳过前川。"而今，追忆和阐释一段段波诡云谲的个人教育史，何止是此时此刻写下这样一些文字的去留无意，云卷云舒。

蓦然发觉自己已经是"端着保温杯"的"油腻男"了。尽管这样，还是把每一天当作生命中最年轻的一天。看到身边一张张年轻的脸庞，活力四射，充满激情，我感慨：年轻真好，年轻正好！

我为这些有志青年教师感到高兴，他们赶上了好时代，是幸运的。他们有着良好的发展机遇和平台，可以不要"都如我的辛苦展转而生活，也不愿意他们都如闰土的辛苦麻木而生活，也不愿意都如别人的辛苦恣睢而生活。他们应该有新的生活，为我们所未经生活过的"；也为常州教育的未来感到高兴，谁也不能否认，赢得青年教师就是赢得一方教育的明天。想到本学期到常州市区的一些学校去听课观课，惊喜地发现，不少优秀青年教师正在脱颖而出，"小荷才露尖尖角，早有蜻蜓立上头"。有的不过才工作几年，但是，他们身上的朝气、灵气、才气，令我欣赏，促我学习，抵挡我身上日渐增多的暮气。我特别乐见他们不甘平庸，努力修为，策马扬鞭自奋蹄！他们有想法，懂技术，肯钻研，"与之论辩，言和而色夷"，"是可谓善学者矣"！有这样的青年教师，是教育之幸事，是学生之幸事。

成就学生的同时也成就自己，活出精彩的自己，这是教师发展的高境界。

我希望年轻教师且行且珍惜！

曾经有人作过一项调查，等人老了的时候，最痛苦的事情是什么？排在第一位的是：这一生没有为喜欢的事去努力。人生最痛苦的事，不就是"我本可以，但却没有"吗？

还记得，那一次市级学科带头人理论考试，自我感觉良好的我，竟然在理论考试时铩羽而归，丢盔弃甲。一盆冷水浇醒了我，我没有那么优秀！然而，我也没有自暴自弃，反而化失望为力量，痛定思痛，重新激发起斗志。那时年轻，我还是个越挫越勇的人。我悄悄发誓，今生不再考别人的理论，而是创造自己的理论。鲁迅先生早就说过,这世上本没有路,走的人多了,也便成了路。世上的路有千万条,踩着别人的脚印走路的人,永远不会留下自己的脚印。我不要像买履郑人那样"宁信度而不自信"。于是,在2014年,我出版了第一本语文教育专著《简洁语文教学的守望与探寻》,提出了自己的教学主张。不管外面风云变幻,我自特立而不独行,博观而不盲从,狷介而不张狂,走一条属于自己的路。哪怕寂寞与孤独,也要享受其中的那份快乐。其间,我也曾遭遇不少专家学者的批评,甚至在一些重要的评比验收活动中,被批评得体无完肤,可是我始终坚信,我的课堂,我的学生,只有我才有发言权。鞋合不合脚,只有自己知道。尽管不能称得上名扬四海,说不上举足轻重,甚至在别人眼里不屑一顾,但我敝帚自珍,乐在其中。所有的行动,都在诠释:我努力过,我不后悔。

2012年,到南师大参加研修活动时,也是"小激动的",我有了一个世俗而切近的目标。红尘中的人,哪有不食烟火的?是的,特级教师,正高级教师,这些都可以看作"追名逐利",但是,在我看来,所有的名和利,只要不是"万钟则不辩礼义而受之",那么,"万钟于我有加焉";只要不失本心,何乐而不为?一个教师在成就学生的同时,发展了自己,在自己的职业生涯中享受了精神快乐,找到了职业尊严,收获了副产品——尘世中的回报与赐予,这也是"取之有道"。年轻人就该有年轻人的样子,不要总以"望峰息心""窥谷忘反"来为自己的懈怠找借口。

我跟小伙伴说的几个关键词就是"上课""阅读""写作""与环境和谐相处"。老生常谈的话题,是教师安身立命之本,万变不离其宗是一个"真"字。

对教育,如同对人:如果爱,请真爱!追求专业发展,"非诚勿扰"!

不要想着如何投机取巧走终南捷径,不要艳羡某些不择手段的侥幸,而要踏踏实实地上好每一节平常课,静下心来读点书,不折不扣地研究点切实的语文教学问题,老老实实地写几篇有自己见解的文章。

不能这山望着那山高。术业有专攻,人可能一生只能做好一件事,那就是把这件事做到极致。心无旁骛,学会舍得。正如宋濂在《送东阳马生序》

中所说："其业有不精，德有不成者，非天质之卑，则心不若余之专耳，岂他人之过哉！"

不求一夜成名，不把研究娱乐化，不奢望重大建树，唯愿让教学烙上自己的印记，让课堂成为师生幸福相遇的一种生命状态，用教育的成就确立自己的存在价值。

不要埋怨所在的环境如何不尽如人意，这世界根本就没有理想的桃花源。只要你心中有，桃花源就存在。

不要以为自己在小圈子中还有一席之地就沾沾自喜，要知道，如果手里只有锤子，那么眼里就只有钉子。

这些"老气横秋"的话，冒昧给青年教师说说。

总之，"幸福都是奋斗出来的"。

教育写作：表达与存在的方式

当你走上教书育人的三尺讲台，抱定从教的旨趣，那么，从学生叫你第一声"老师"起，就应视教育写作为基本功。有朝一日，当你回首所走过的路，你会发现，时间给眼角留下了岁月的痕迹，文字却定格了美好的画面。

教育写作，首先是一种表达的快乐。

观察名师的成长经历，我们会发现一个共同特点，名师们都是笔耕不辍的。有的名字活跃于各大刊物，理论联系实际，条分缕析，由点及面，一篇篇文章彰显个性化的教育教学主张；有的著作等身，阐释思想，从"想法"到"做法"到"说法"，成为大家，烛照后人前行的路。我们现在学习于漪、钱梦龙、魏书生等著名教育专家，正是通过文字而品读他们抑扬顿挫的华美诗篇，饱览他们多姿多彩的教育画卷。想立志成为有作为的老师，临渊羡鱼不如退而结网，仰望名师，更要脚踏实地地去做，并坚持下去——教育写作，是不二法门。

纵然我们只是一个普通教师，亦可以写下凡人小语，享受一份表达的快乐。教师不一定是诗人，但写下"把日子过成诗"的教育点滴，涓涓细流汇聚成河，星光熠熠，教育生活便有了"诗和远方"。

教育写作，还是一种确认自己存在意义的方式。

2013年，我在北京大学参加"国培"，有幸聆听温儒敏先生的教诲。他谈及教师如何克服"职业倦怠"时说：

无论工作多么忙，也无论外边世界多么浮躁，有一块自己的精神园地，哪怕是小小的"自留地"，也可以缓冲一下外来的干扰，让自己有做做"精神体操"的空间。什么是"自己的园地"？那是属于你自己的地方，可在此伸展你的才情，舔舐自己的伤口，做精神体操，为自己漫长而辛劳的人生来点节奏。这个"园地"何在？只有你自己知道。

我认为，教育写作就是一个确认自己存在意义的"园地"，它可以让你从川流不息的繁琐的杂务中不时超脱出来，让生活有节奏感，让心灵有处安放，让自己过得平凡而不平庸。化用一句话就是："我写故我在。"哪怕无人喝彩，给自己建一个精神家园，不至于让时光轻易地从指缝间溜走，徒留苍白的记忆。到那时，你会明白这句话的含义："每一个不曾起舞的日子，都是对生命的辜负。"从这个意义上说，教育写作，可以说来自教师个体内心的需要，而不是迫于外在的行政、职评、晋升等"不得已而为之"的压力。

王安忆说，写作的激情，是一种细水长流的存在。写点文字，就是把生活和工作中的喜怒哀乐，在独处一隅时，面对自己的心灵而释放出来。

我们这里所说的教育写作，并不局限于写"教育教学论文"，可以说涉及教育生活的方方面面。况且，就读高校时所撰写的学术论文，与教育教学情境下的论文，是有所区别的。学术论文可能侧重于理论研究，而教育教学方面的论文，则更侧重于实践。这是另一个话题，不在此赘述。对于新教师而言，除了"一本正经"的教育教学论文写作外，还可以从以下几个方面入手。

1. 有一种故事叫"情怀"

人人都爱读故事。教育是师生之间的一场相遇、相处、相伴，自然有故事"相生"。故事中的酸甜苦辣，折射着生活的五彩斑斓，容易唤起同道者共鸣，启迪为师者思考。教师讲述自己曾经或当下经历的教育故事，具有天然的真实感和新鲜感——教育每天都是新的，学生每天都是新的。

苏霍姆林斯基就围绕师生之间发生的鲜活案例，讲述了大量的故事，其著作少了一些学术读物的佶屈聱牙、晦涩难懂，而多了一些可读性和启发性。一位名为伊万科尔涅耶维奇的老师，因为学生写错别字而惩罚学生抄写10遍、20遍，苏霍姆林斯基记述了这个故事，提醒我们："凡是教师利用学习作为惩罚手段，因而使学习变成学生痛恨的事情的地方，学生就会怕教师，他们的心就会变得粗暴、冷酷和无情。"有一次，苏霍姆林斯基发现一个名叫萨沙的学生，因为最亲的祖母病倒了而变得悲伤、沉默，而且总是怀着戒备心时，他记叙了自己的教育方法：悄悄对孩子们说，遇到人有伤心事的时候，不能表示惊讶，而要去帮助他。类似的故事比比皆是，我们不仅读到了苏霍姆林斯基的教育艺术，更敬佩于他伟大的教育情怀——把人的大旗高高矗立在教育活动中。"所作平凡事，皆成巨丽珍。"

我写过"一个人的突围"，把我自己受教或从教的故事，写在博客和公众号上，连载了20多期，不少老师读后表示感同身受。其中，写老师为我修改错别字的故事《先生江锡铨》发表于《中国教师报》；写温儒敏先生为我个人专著《简洁语文教学的守望与探寻》一书作序的故事《何谓大师》发表在《教师月刊》上。当然，发表不是目的，而是以一个普通教师成长的心路历程为视角，从一个侧面反映了不同时代教育沿革的缩影，在梳理、比较中理解教育的变迁，给自己思考"新时代如何做教师"提供了丰富真实的材料。先生们恩泽于我，同样也激励着我，薪火承传，不忘初心。

南京十三中的曹勇军老师有一本《语文，我和你的故事》，看题目就知道很有意义。我特意写了一下阅读感受：

语文是"教师与学生的故事"。关于语文的故事很多，有的如沂水边春风荡漾，夫子与学生一起坐而论道，喟然叹曰"吾与点也"；有的如古希腊哲人，运用"产婆术"，从影子纷乱的洞穴中爬出，用智慧的火把照亮探索真理的道路。"语文是教师与学生的故事"，成了曹老师的语文人生。他在年复一年的节奏性重复中开始理解自己的课堂，在教学情境中言说着故事，也在故事中确认自己。说到底，"语文是一门'手艺'"，有一种在辛劳寂寞中磨砺出来的灵巧和扎实。所以，曹老师认为：把语文看成教师与学生的故事，就意味着我们推倒了教室的四面墙，我们的课堂是学生生活的现场，是学生成长的现场，语文呈现出丰满、全面、独特的魅力和价值。阅览室读书是学语文，戏剧演出是学语文，听名家讲座是学语文，参加征文比赛是学语文，当小记者采访校园新闻是学语文，师生合作编辑语文小报和文学社社刊是学语文，甚至晨会、班会等也可以看成是学语文……而要让教师与学生之间有故事，关键是要深刻理解教师与学生的生存状态和相互关系。一如帕克·帕尔默在《教学勇气》中谈到教学中的困惑源自三个方面：学科，学生，还有自己对自我的认识。

每当有新教师入职，我总喜欢习惯性地对他们说："做教师要有历史感，请记下你的教育史。"司马迁有言："述往事，思来者。"常常回顾过去，并由此出发，思考自己的将来，而不是仅仅关注当下的利益和享受，这便是历史感。

翻阅流年的剪影，把旧日的光阴装订成册，那不曾出口的，都是心底未了的深情。"明月装饰了你的窗子，你装饰了别人的梦。"教育教学，就是一条涌动着师生生命气息的河流，一定流淌着无穷活色生香的故事，也许未必能"装饰别人的梦"，但都值得珍藏和咀嚼。因为有一种故事叫"情怀"。

2. 有一种观课议课叫"笔谈"

作为教师，观课议课，是一项极具职业特点的"常规"工作。但是，很多人在听课之后，满足于当时的怦然心动，若有所思，随后便放之任之，不再理会，待到想起时，却又若有若无，非常可惜。如果肯花点时间，把这些稍纵即逝的思维进行记录、整理，形成文字，让寻常工作散发不寻常的光彩，那就是宝贵的资源。有道是：当时只道是寻常，落笔成文倍有味。

我听过无数节课，喜欢写听课心得，一个精彩的片段，一个精巧的设计，一个独具机杼的活动安排，一段师生之间富有意义的对话，一个牵一发而动全身的问题的提出，我都会及时记下来，时常揣摩。"三人行，必有我师焉。择其善者而从之，其不善者而改之。"有的为我所用，成为我学习、借鉴的地方；有的可以促进自己反思教育教学的观念、行为，自我革新；有的则触发灵感，成为我撰写论文的鲜活材料。在与老师们的交流中，我也不断地补充和完善自己的认知结构，不偏激，不抨击，不激进，以"建设重于批判"的姿态，分享自己对教育、对语文教学的一孔之见。

担任常州市教科院兼职教研员的工作，点评课是我的一项基本任务。每次都是执教者和点评者"你方唱罢我登台"，时间上几乎没有回旋的余地，我就必须听、思、写同步进行，及时作出点评。因为是"急就章"，促使我养成迅速地对公开课进行梳理、分析、归纳并形成文字的习惯——我自愧没有好记性，思维也不敏捷，但我笃信"好记性不如烂笔头"。2019 年 11 月 11 日，江苏省"教海探航"征文竞赛颁奖大会暨苏派与全国名师课堂教学观摩研讨活动中，我应组委会之邀担纲点评嘉宾。我一边观课，一边思索，一边敲打着键盘，课堂教学版块一结束，我就对三位老师的课以"名著导读：真读真导"为题作了即席点评。同行的几位老师很惊讶，怎么那么快就用 3000 多字进行综述？我告诉他们，已经养成习惯了。

观课议课的写作，是一种再现（复盘）、反思、总结、提炼、提升的过程。我不仅对别人的课"评头论足"，也主动请别人对我的课用文字"指手画脚"。2018 年，我应邀在江苏省初中语文统编教材研讨会上执教《周亚夫军细柳》，苏州市教科院初中语文教研员钱建江老师作了精彩的点评。我把课堂教学实录整理出来，附上了钱老师的点评，一并发表于《中学语文教学参考》2018 年第 11 期上。2018 年，在教育部组织的一个全国性教研活动中，我执教了郑振铎的《猫》，我以此为例，撰写了文章《例谈小说阅读方法指导教学》，发表于《江苏教育》2019 年第 35 期上。这几年，作为常州市优秀青年教师跟岗培训的导师，每年我都要求跟岗教师把听课观课的感想写下来与大家分享。从他们的文字中，我读到了青年教师的朝气蓬勃，思维敏锐，积极向上，不仅给我的课堂教学带来反复思考，也算是"逼"着他们从动手写作观课议课的感受做起。常州市西藏民族中学的毛丽老师，根据跟岗培训体会撰写的论文《走一步，再走一步》，还在长三角优秀论文评比中获奖。

可以说，我的很多课堂观察、课例分析都是在观课议课之后，及时整理、梳理之后新鲜出炉的。所以，老师们在观课议课时，不要只带着眼睛做观众、带着耳朵做听众，更要带着手去，把"工夫"变成"功夫"，以便自己能不断"反刍"，久而久之，一定会收获不曾预约的精彩。

在这样一个变动不居的时代，教育教学"苟日新，日日新"，敞开心扉，用文字与同道者"如切如磋，如琢如磨"，让自己不囿于一亩三分地，不故步自封，教育生活每天都会有源头活水汩汩流淌。我们人微言轻，未必能有多大的作用，但至少可以表达一点点自己对教育教学的理解。"苔花如米小，也学牡丹开。"

3. 有一种对话叫"读书笔记"

"眼到、口到、心到、手到、脑到"，是读书的不二法门。我读书，喜欢写点自己的阅读感受。

阅读心得的撰写，未必都有长篇大论，更多的是字里行间的零星体会，哪怕只是只言片语，也是弥足珍贵的。2017年，我在回顾自己一年来的读书情况时，写下了这几句话：

断断续续地把《脂砚斋评石头记》读完，虽然只有80回，却是一年来读得最为用心的一本，红色的点评文字，或一个字，或一句话，却每每切中要害，可谓一语惊醒梦中人。文本细读，正应如此。理论是灰色的，阅读实践之书常青。

2019年，我在回顾自己读书的经历时写道：

一直笃信，好书，必然自带光芒。总有几本书，在庸常的日子里，让你心头敞亮，豁然开朗。

《布卢姆教育目标分类学（修订版完整版）》，直接引发了我关注低阶思维和高阶思维的兴趣。依据此书的分类，教学中较高认知水平层次上的心智活动等教学表现为：分析、综合、评价和创造；而低阶思维则表现为识记、理解和运用。

《金圣叹批评本〈水浒传〉》，是我阅读的金氏第二本著作，让我更加具体理解了作者在评点《水浒传》时所说:"吾最恨人家子弟,凡遇读书,都不理会文字,只记得若干事迹,便算读过一部书了。"我们现在也提倡学生读书要"圈点批注",如果学生能做到万一,那么,读书就不需要老师教了。

王阳明的《传习录》略读一遍,读起来有些累。大凡是要烧脑的书,读起来都是费力费神的。我经常对学生说,读书就是要挑战那些看上去读不懂的书,才会"日有所进,月有所长"。如果每天做一百条"1+1=2"的数学题,即使你不知疲倦地计算一万遍,也不会提高数学水平,推而广之,阅读如果在已有的视野、思维、认知水平上兜兜转转,那么,读书有何意义?

毕飞宇的《小说课》,看上去比较随意散淡,兴之所至,其中的有些文本解读,颇有新意。与曹文轩的《小说门》比起来,我更喜欢后者的典雅、幽默而又不失系统、理性,我钟情于这种表达方式。

袁行霈的《中国诗歌艺术研究(第3版)》,弥补了我对诗歌艺术鉴赏、解读理论的缺失。虽然只是粗知皮毛,犹如捡拾了海边一枚小小的贝壳,毕竟,我已经嗅到了大海的味道。理解大师的作品,岂是浮光掠影的浅阅读所能抵达的境界?正如林庚先生在序言中所说的那样:"中国是诗的国度,诗的奥秘历来为人所乐道,而诗的艺术真谛又往往在可谈与不可谈之间,这正是诗评诗话,千言万语而未足穷其情,诗学美学,层出不穷终难尽其意。"

朱熹在《论读书诗》中说:"读书切忌在慌忙,涵泳工夫兴味长。"在我看来,写阅读心得,就是品尝语言文字悠长韵味的最好方式。读而不写,如流水泼过筛子;读而又写,则可以有代入感,把自己放进书中与作者对话。

有时则是在读过之后,写成整篇的文字。

吴非先生博客上的文章,我基本上每篇必读。读过之后,我常常联系实际写一些学习心得,在写作中观照自己教育教学中的言行举止,坚定了自己"回到常识教语文,坚守本真做教育"的教育信条。孙绍振先生的《月迷津渡》,是我喜欢的一本著作。读过之后,我曾应约写了荐读文章《一把打开文本细读之门的钥匙》,发表在《江苏教育》(中学版)2015年第12期上。2018年读书最有收获的是王尚文先生的《语文品质谈》,我应约写了一篇《一个暑假，一本书》，刊登在《教师月刊》2018年第11期上，学浅才疏，文字谫陋，聊表对王先生的敬意。经常有老师问我："梁老师，我也喜欢读书，但是，很多教育教学理论的书，我看不懂，怎么办？"其实，懂与不懂，都是一种收获；有些书，不必读。为此，我写了《很多书，我看不懂》一文，发表在《教师月刊》上，用发自肺腑的文字表达，试图回答老师的困惑。

写阅读笔记，还要注意一些"技术性"方法。比如，我曾告诉老师们以"摘抄+感悟/评论"的形式来进行，学会记好文献资料的准确来源，免得将道听途说的一些"名人名言"以讹传讹。格式如下：

《核心素养导向的课堂教学》/余文森/上海教育出版社2017年版：所谓深度，指的是触及事物内部和本质的程度。"倡导深度教学，防止学科知识的浅层化和学生思维的表层化，是学科教学走向核心素养的一个突出表现。"（P206）这本书，对我进行语文教学有很大启示，触动了我对语文教学中的"浅教浅学"问题的思考。语文教学，应引导学生思维的发展由低到高，不"重复学生的已知"的课堂，才是"生长"的课堂；否则，我可能是勤勤恳恳地做着愚蠢的事情。

上述读书笔记，包含了以下几个因素：书名+作者+出版社+年份+摘抄的部分+感悟。这样就比一句话笔记要清晰明了许多，坚持下去的话，获益匪浅。

阅读，是寻觅中遇见。但仅仅是遇见，然后各奔东西，是"鸟儿已经飞过，空中却没有留下痕迹"。写作，则让我们在别人的地图中，也找到自己的可能及方向。

4.有一种自我修炼叫"写反思"

苏格拉底说，未经省察的人生没有价值。叶澜教授说："一个教师写一辈子教案难以成为名师，但如果写三年反思则有可能成为名师。"写作反思，既是追求职业的旨趣，也是直面自我、自愈内心的最好方式。

2019年，上海《当代教育家·浦东教育》约我写个人成长故事，我写下了这样的片段：

2007年，我去参加一个全国性语文研讨活动，观摩全国著名特级教师黄厚江先生的一节语文课。当时正值新课改轰轰烈烈，到处是欣欣向荣的样子。在黄老师的课堂上，我却没有看到多媒体的运用，没有看到4人小组的合作学习，甚至，连举手的学生都比较少。我甚至想，所谓特级教师不过如此。意大利美学家克罗齐有一句名言："要判断但丁，我们就须把自己提升到但丁的水平。"可惜，我当时并不能理解这句话的内涵。

这个事件，折射出自己的"小"来，我深有感触，特意写下来与老师共勉。

一次去广西执教公开课，我预设了自以为精彩的"导入环节"——"同学们，你们喜欢紫藤萝花吗？说说你们的感受"，没承想遭遇了学生喜欢当地的紫荆花而不喜欢紫藤萝的尴尬，于是我写了《老师，我不喜欢紫藤萝花》，反思自己是"带着课走进学生"，而不是"带着学生走进课"；统编教材实施过程中，我还常常有意无意地忽视新教材编写的特点，把自读课上成教读课，于是我写了《自读课：教师要克制"讲的冲动"》，提醒自己注意"定位准确"；一次公开课上，我只顾着教学流程的流畅，却发生了墙角一位后进生已经睡着而"被遗忘"的事情，于是我写了《公开课上，有个学生睡着了》，告诫自己"公开课是为学生而上的"。我写这些文字的最大感受是，我不仅是自己在抒写，也是站在学生的角度上去想想。鸳鸯绣出从君看，也把金针度与人。很多老师告诉我，我所写的这些现象，在他们身上也或多或少地存在着，同行者能"以人为镜，可以正己"，相互警醒，心满意足矣。

当你抒写文字而反躬自省时，就是一种自我对话与倾诉，一场自我修行与成长，一次自我较量与抗争，一次内心自由的寻找与探索。

写作教育反思的意义，恐怕就在于此。

教育写作内容的范围很广，形式上不拘一格。我还喜欢写一些针砭教育教学存在问题的文章，如教育评论、教育杂谈等，不一而足，先后散见于《人民教育》《江苏教育》《天津教育》《教育研究与评论》上，有十多篇被作为"卷首语"予以发表。更多的则是发在我个人公众号上，比如《语文教学："高效"，还是"搞笑"？》《单篇教学咋就成了过街老鼠？》《语文课，不是让学生把知道的内容大张旗鼓地再说一遍》《语文教学：不要"借助PPT而一顿胡扯"》《喜欢或不喜欢，课文都要教》《教育应培养自立的人》《"互联网+语文"还是"语文+互联网"？》……说不上"铁肩担道义，妙手著文章"，也有"遗簪见取终安用，弊帚虽微亦自珍"之意。

  教育写作，不仅是积累经验的一种方式，更是逼迫自己勤于阅读和思考的强劲动力。因懂得这些，虽工作辛劳，文笔粗浅，但我仍坚持用文字记录自己的教育生活，让忙碌的我不断与宁静的我进行对话，让冲动的我不断接受理智的我的批判，让实践的我不断接受理论的我的提升。教育写作，是一种表达与存在的方式。

身在荒野，心在桃花源

我生在农村，又做了 11 年地地道道的乡村教师。点数走过的乡村教师岁月，五味杂陈，唏嘘不已。那些原始的、零碎的算不上研究的"研究"，镌刻在记忆深处，如不起眼的潺潺小溪，流淌在我律动的教育生涯里，融入教育的每一个角落，着色生活的每一个画面，润泽经历的每一片土地，可谓"此情可待成追忆"。

1. 起于微末，发于华枝

1988 年 9 月 1 日，我站到了村小讲台上，执起了教鞭。

学校地处偏僻，条件简陋，除了工作，业余时间我基本无事可做。邮递员会定期送来几本《人民教育》《江苏教育》，据说是镇教育管理部门统一征订后下发的，扔在角落，无人问津，落满灰尘。实在无聊，我就把这几本快要变成废品的教育杂志翻来翻去，权当消磨时光，直至破烂不堪。看得多了，就在工作中悄悄模仿借鉴，竟然发现"效果非同一般"，这让在教育教学上还懵懵懂懂的我觉得非常有趣。我把零星的收获记录下来，煞有介事地在笔记本上写了"教育教学点滴录"。几年下来，积累的文字有厚厚几大本。

看多了，做多了，想多了，大概是觉得好玩，就萌发了写点文字的冲动。一篇区区 300 字的豆腐块"处女作"出炉后，我偷偷摸摸、不知天高地厚地投稿，竟然在市教育报上发表了。"首秀"成功，大大地激发了我的热情，又接二连三地写了一些"解题技巧""学习心得""与学生相处"之类的小文章在省市级教育类报纸上"发表"。在教育科研苍白贫瘠的乡村教育界，发生这样的事情，产生了不小的"轰动"。有一次，市教研室主任在全市某个大会上狠狠地把我点名表扬了一番，镇上分管教育的领导闻讯乐得合不拢嘴，见到我就要夸奖我一番，说"乡村教师引起了市教研室专家的关注，不简单"。后来，教研室专家还在镇领导的陪同下，特意"下基层"考察我的教学工作。市级教研员，亲自到一个名不见经传的村小，而且是明确冲着我这个初出茅庐的小教师而来，成为学校历史上前所未有的"大事"，着实把我抬举了一番。

正是这次契机，点燃了我对教育教学研究的兴趣。从教育随笔到教育教学论文，从课题研究到出版专著，一发而不可收，成为我若干年后成功申报骨干教师、学科带头人、特级教师、正高级教师不可或缺的"软实力"。

我做的那些事儿，在本世纪初，有一个高大上的专业名词叫作"教育叙事"。彼时我所作所为微不足道，压根谈不上"教育科研"，小小的收获，却让我在踽踽独行的乡村教育路上构筑起小小的寓所，聊以慰藉。《老子》有云："合抱之木，生于毫末；九层之台，起于累土；千里之行，始于足下。"每一个微小的起步，对个体的成长来说都具有非凡的意义，让我对未来有了满满的信心和憧憬。

2. 努力活成自己想要的那个样子

20多年前，我本科毕业后到了初中教语文。这同样是一所很不正规的农村"联办初中"，现在早已撤并，湮没在历史的潮流中。

也许是因为多读了几本书的原因，我信奉课堂教学效率才是根本出路，从不加班加点，也不要学生疯狂刷题，引起了学校领导的强烈不满和其他同事的非议。当我的学生在考试中取得好成绩时，那些从特殊时期过来的人怎么也难以相信。一位老领导半开玩笑半揶揄道："我们十年才学会做一张板凳，你竟然十天就能做一套组合家具？"其实，我只不过自觉地利用业余时间偷学了一些名师做法，努力把语文课上成语文课的"模样"，而拒绝重复年复一年日复一日的"经验"，我不想辛苦劳碌不知疲倦地在课本、习题、试卷中大海捞针。那时,"分数"就是乡村教育的代名词,抓分数的"制胜法宝"就是打时间仗,时间就是分数。后来流行这样的话:"只要学不死,就往死里学","揪(在我们的方言中,读 qiǔ),死揪,往死里揪",情形大致相似。当然,类似现象,至今似乎并未发生实质性变化,无论城市还是乡村,无论过去还是现在,教育生态依然堪忧。一想到这些,未免让我这个从事了 30 多年教育工作的老教师有些沮丧。还是就此打住吧。

当时的农村教育,不仅物质条件简陋,而且精神也一样匮乏。教育上种种美妙而浪漫的描述,在现实面前显得苍白无力,我甚至不知如何安放自己的心。当然,我充分理解身边的同事们,薪水微薄,往往必须"脚踩两只船":一方面是要做好教书育人的工作;另一方面,这些老师大多家在农村,还有责任田、自留地需要耕种,以贴补家用。很多时候,他们起个大早,卷起裤子,到田里去播种、除草、施肥,连裤卷都没放下,就从田里赶到了教室。

我清楚地意识到,大家都很辛苦。每个人都在用自己的方式演绎着属于自己的生活。别人的生活,或许在别人身上能体现"特质",在自己身上却不一定能复制。

有好心的同事劝我,"入世务俗,交游酬应"。我一次又一次地叩问自己的心灵:这是我所要的生活的模样吗?

有一次上语文课,我带着学生来到一棵大树下观察。我想让学生去亲近景物,"看一看,摸一摸,闻一闻,想一想,写一写",从而学习"如何调动多感官写景物"。一位学校领导恰好路过,惊讶地对我说:"梁老师,这是上课时间啊,你怎么能把学生带到教室外?"我一时竟无言以对,只好一笑了之。一学期后,我班学生的作文水平明显提升,学生作文常常被选作范文张贴在学校的"布告栏"中,引来师生驻足流连,交口称赞。当初那位诘难我的领导,竟然把孩子转到我的班上,并公开说,让孩子跟着梁老师学写作文。

我不再因自己的"处江湖之远"而自怨自艾,也不想轻易活在他人的期待里,我还要丰润灵魂!杨绛先生说:"我们曾如此期盼外界的认可,到最后才知道，世界是自己的，与他人毫无关系！"我以此自勉。从苏北到苏南，从农村到城市，环境不断变化，教书、读书、写文章，是我始终如一的精神家园。

遵从自己内心的声音，活成自己想要的那个样子，终究会遇见那个真实又美好的自己。也许我不会"功成名就"，但我一直坚持做着自己认为正确的事。单凭这一点，在变化莫测的风云际会中，我便有了一点自足感。

3. 我也是"追星族"

我所追的星，当然是教育之"星"。

有一年，全国著名特级教师钱梦龙先生莅临我市教师进修学校讲学。校长说："小梁，你家住在城里，就顺便去学习一下吧。听完讲座你就直接回家，一举两得。"校长后面似乎还不经意地咕哝了一句："反正也没有其他人愿意去听。"此前的钱梦龙，于我而言，只是在书本上文章中看到的一个遥不可及的符号。没想到，我有机会见到真人并聆听钱先生的讲座。我自然窃喜、庆幸，仿佛捡了一个大便宜。

第一次与心目中的偶像近距离接触，我倍加珍惜这次学习的机会，而不是当作一个任务来完成。怀着激动的心情，我早早赶到会场，抢了第一排的座位。顺便说一句，我参加教研活动，从不喜欢躲在后排，随时准备"撤退""溜号"。那时没有电脑，也就没有PPT，专家讲座全凭一张嘴，老师听课全凭耳听手记。我全神贯注，恨不得记下每一句话，生怕漏掉一个重要的字词，错过一个关键的句子，忽略一个值得玩味的案例。讲座结束后，我立即冲上主席台，请钱先生给我签名，小小地满足了一下自己的虚荣心。生性不安分的我，几经漂泊，数次搬家，很多旧物件慢慢断舍离，钱先生给我签名的笔记本早已发黄，但我依然珍藏着这份美好的记忆。后来，钱梦龙先生以72岁高龄，最后一次登台执教公开课，我追着钱先生赶到了成都。听完课后，我荣幸地与钱先生合影留念。这张与偶像的珍贵合影，我很自豪地放在我的第一本专著《追寻教育的本真》中。

钱先生的讲座内容，我回来后经常翻看，甚至还多次在讲座和论文中引用。牛顿说："我好像一个在海边玩耍的孩子，不时为拾到比通常更光滑的石子或更美丽的贝壳而欢欣鼓舞，而展现在我面前的是完全未探明的真理之海。"可以说，聆听钱先生的讲学，是我成长中的一个关键事件。我仿佛嗅到大海的味道，开始意识到，语文教育博大精深，奥妙无穷。我希望能在语文教育教学上"有所作为"的欲望越来越强烈了，购买并自觉啃读苏霍姆林斯基、杜威等著名教育家以及国内著名语文教育专家于漪、魏书生、钱梦龙等的一系列作品，自费订阅了《中学语文教学》等专业期刊，咀嚼玩味，并把他们的研究成果拿来"为我所用"，大胆地进行改革，着眼于提高学生的素质，激发学生学语文用语文的兴趣。

总有一些事和一些人教会我们成长。

如果我们所见所闻还很少，还不足够强大的时候，不妨去努力打量站在顶点享受众人仰望的人——他们身上一定有种魅力，召唤我们前行。这世上总有不期而遇的温暖和生生不息的希望。

第一次追星，让我有勇气从狭小的圈子里，抬头看了看外面的天，"睁眼看世界"。

尝到甜头后，我就经常留意，哪里有专家讲座，哪里有名师示范课，只要有时间，我都会去学习，每每乘兴而来，满意而归，并把"心动"变为"行动"。当然，追星也不是能随心所欲的。有一次，我又去请假，一位领导说："梁老师，总是你一个人出去学习，对其他老师不太公平吧。"我认可学校的苦衷，又不想放弃，为了避免申请的尴尬，只好自费外出了。在我看来，经济再拮据，买书读书，外出学习的钱总不会拿不出的。没想到，校长听说了这件事，非常开明地说："爱学习的老师一定要鼓励；有些人，自己不学习，还打击别人的学习积极性。发票拿来，无条件支持！"几年后，我申请调出，遇到了重重阻碍。这位校长更是说了句令我感动一辈子的话："鸟儿培养好了飞出去，总比躲在家里不飞好！"我很惊讶，他竟然没有端出"溥天之下，莫非王土；率土之滨，莫非王臣"不可一世的姿态和"伟光正"的说辞来拒绝和阻挠我。须知，越是在落后的地方，但凡掌握权力的人，哪怕是个掌勺的，都要把权力发挥到极致。

时过境迁,如今,我偏安城市一隅,诉说着并不如烟的往事,似乎风轻云淡,其实都是如鱼饮水,冷暖自知。我们习惯打量别人的梦想都开花,歌声多嘹亮,却不会揣摩到其背后有着不足为外人道的酸甜苦辣,每一次都在徘徊孤单中坚强,每一次就算很受伤也不闪泪光。

在此,我要向长期坚守乡村教育的老师们表达由衷的敬意。作为一个乡村教育的"逃兵",我没有资格站在道德制高点上去对别人指手画脚。

当我们习惯用一根手指去指责别人的时候,别忘了,更多的手指正在指向自己。谁能说自己完美呢?

我受乡村教育的滋养,身上流淌的是农人本分、简单、淳朴、自然的血液。我感恩我的那些并不完美的乡村老师。滚滚洪流面前,很多人都身不由己地被裹挟着随波逐流,我亦如此。很多乡村教师,也许不会宏大叙事,也没有什么丰硕的"科研成果",然而,毫无疑问,他们是撑起中国乡村教育的支柱!

如果要问我,乡村教师的经历收获了什么又失落了什么,怎能以轻巧的"得失"二字,来衡量这因浸透了汗水、泪水与欢笑而格外充实的时光?

有人说,当你的才华还撑不起你的野心的时候,你就应该静下心来学习;当你的能力还驾驭不了你的目标时,就应该沉下心来历练。我知道自己没那么优秀,但我有梦想并一直在努力着。

无论乡村还是城市,都没有什么真正的世外桃源;教育的桃花源,住在每一位老师的心中。

后记　自我赋能，追寻教育的意义

人民教育家于漪老师有句话大家耳熟能详："一辈子做教师，一辈子学做教师。"教师这个职业寄托着她一生的追求与热爱。成如容易却艰辛。"一辈子"的教育生涯，需要度过适应期，走进成才期，跨越高原期，不断突破掣肘你伸展的瓶颈，把我们的职业当成事业，并把这个信念注入思维深处。

毋庸置疑，每一个人来到这个世界上都是弥足珍贵的，为了能够与此相称，人需要追寻真正的意义和价值，而不是浑浑噩噩。教师更应如此，因为教育是关乎人的灵魂的事业。教育学不仅仅是"迷恋他人成长"的学问，也应关注教师自身成长，因为教育活动涉及的人，有学生，还有自己。二者并不是对立的关系，而是相辅相成、相得益彰的。你若有光，清风自来；你若有光，必有远方。教师与学生朝夕相处，心灵应如浩淼瀚海，只有不断接纳美好、希望、欢乐、勇气和力量的百川，才能青春永驻、风华长存。教师"以其昏昏，使人昭昭"，奢望"迷恋他人成长"，恐怕就只剩下激情的宣泄与泛滥的口号。我们无法想象，教师如果"几十年如一日"地重复是何滋味，味同嚼蜡又无可奈何？做一天和尚撞一天钟而虚掷光阴？

每一位老师年轻时，都曾意气风发，对教育充满想象，怀揣梦想；随着年岁增长，激情渐渐褪去，职业倦怠潜滋暗长，教育的闭环和内卷又足以令人怀疑人生。每当此时，或许，需要一种能量来支撑自己。

"年岁有加，并非垂老；理想丢弃，方坠暮年。岁月悠悠，衰微只及皮肤；热忱抛却，颓废必致灵魂。"

如何能像于漪老师那样，永葆教育的理想与激情，智慧与艺术？不少人把教师的成长和发展，寄希望于外在大环境的改变，小氛围的建构和发展平台的搭建。正所谓，外因是变化的条件，内因是变化的根据，外因通过内因而发挥作用。外在条件固然不可或缺，但如果忽略了自己的力量，纯粹把希望寄托在他人身上，纵然有人为你搭好了梯子，等你爬到墙顶才知道搁错了墙头，岂不悲哉？

在我看来，"自我赋能"一词，恰恰是教师成长的第一修炼，是寻找人生意义的自我救赎。

所谓自我赋能，有人认为，就是看到自己内心的力量，寻找自身资源，创造出自我心仪的小环境，进行自身少部分的迭代，用小步快跑的方式，直至创造出一个更大的平台进行成长，就可以随时变得有力量起来，不再"无力"和容易受害。这些说法，与孔子的"君子求诸己，小人求诸人""己所不欲，勿施于人"，王阳明的"心外无理、心外无物""致良知"，《礼记》所云"苟日新，日日新，又日新"都基本契合……帕克·帕尔默认为："真正好的教学不能降低到技术层面，真正好的教学来自教师的自身认同与自身完整。"自身认同在于构建我生活的多种不同力量的汇聚，自身完整与这些力量的联合方式有关，使我的自身完整协调，生机勃勃，而不是七零八落，死气沉沉。

一言以蔽之，给自己留出更多的空间去追寻意义，让自己的教育步履变得从容、淡定、坚实。自我赋能，才能让自己更有意义。一个拥有善良、正义、担当的教师，不仅能照亮别人，同时也能照亮自己，内心有光的人身上会自带光芒，散发出强大的正能量，所到之处皆能形成一种有力的磁场。教师的心灵舒适自在，跟学生交往相处，与教育教学的融合自然就会更加亲密无间。

要给教师的自我赋能下个准确又科学的定义，确乎力不能逮，但我们可以描述这些伴随身边的熟悉的奇妙感悟，以及偶尔在我们视野边缘捕捉到的、言语难以表述的真实。比如，教师可以通过改进心智、确立愿景、躬身实践、坚持阅读、坚持写作、深度思考、接触高人等诸方面自我赋能。面对教育呈现出的日新月异，千姿百态，每一位教师都可以通过赋能，让自己的教育生涯变得有意义、有意思，以应对复杂、多变而又不确定的未来。"自我赋能"，不是自私，也不是自恋。这个过程就像是培育一颗种子，你无法代替种子成长，只能除草、浇水、捉虫，等待种子自己经历发芽、开花、结果的全过程。

梁增红

2022 年 10 月